Kohlhammer

Soziale Arbeit – kompakt & direkt

Herausgegeben von Rudolf Bieker und Heike Niemeyer

Eine Übersicht aller lieferbaren und im Buchhandel angekündigten Bände der Reihe finden Sie unter:

https://shop.kohlhammer.de/soziale-arbeit-kompakt-direkt

Die Autorin

Prof. Dr. Carmen Hack hat den Lehrstuhl für einzelfall- und familienorientierte Hilfeprozesse in der Sozialen Arbeit am Fachbereich Soziale Arbeit und Kindheitspädagogik der Hochschule für Angewandte Wissenschaften Kiel inne. Ihre Lehrschwerpunkte bilden die Kinder- und Jugendhilfe, insbesondere Hilfen zur Erziehung, Kindeswohl und Kinderschutz. Darüber hinaus ist sie Referentin in Fort- und Weiterbildungen zu den Themen »Neu im ASD«, Berichtswesen/Dokumentation, Sozialpädagogische Diagnostik/Fallverstehen und Kinderschutz.

Carmen Hack

Basiswissen Allgemeiner Sozialer Dienst

Eine Einführung

Verlag W. Kohlhammer

1. Auflage 2026

Gesamtherstellung: W. Kohlhammer GmbH, Heßbrühlstr. 69, 70565 Stuttgart
produktsicherheit@kohlhammer.de

Print:
ISBN 978-3-17-043033-4

E-Book-Formate:
pdf: ISBN 978-3-17-043034-1
epub: ISBN 978-3-17-043035-8

Vorwort der Herausgeber*innen

Ergänzend zu klassischen Lehrbüchern geht es in der neuen Reihe »Soziale Arbeit – *kompakt & direkt*« um die vertiefende Bearbeitung spezieller Themen- und Fragestellungen aus der Sozialen Arbeit und ihren Bezugsdisziplinen, z. B. theoretische Konzepte, spezifische Methoden, Arbeitsfelder oder soziale Probleme. *Kompakt und direkt* heißt die neue Reihe, weil sie in der Präsentation der Inhalte auf das konzentriert ist, was Lernende über das ausgewählte Thema wissen und für Studienleistungen und Prüfungen zielgenau aufbereiten können sollten.

Zielgruppen der Reihe sind jedoch nicht nur Studierende im Bachelor- oder Masterstudium, sondern auch Berufseinsteiger*innen und Praktiker*innen, die autodidaktisch oder in Fortbildungen Anschluss an den aktuellen wissenschaftlichen Diskurs halten wollen.

Der fokussierte Zuschnitt der Bände spiegelt sich in einem innovativen Buchformat, das Leser*innen Überschaubarkeit im Umfang und eine gut strukturierte Textpräsentation bietet. Zentrale Sachverhalte werden anhand von Praxisbeispielen und Abbildungen veranschaulicht. Didaktische Elemente wie Begriffserläuterungen, Textcontainer, Reminder, Essentials, kurze Zusammenfassungen, Piktogramme etc. erleichtern das Erfassen, Speichern und Wiederaufrufen der Inhalte.

Die Autor*innen der Bände sind durch ihre wissenschaftliche Expertise ausgewiesen, schreiberfahren und stehen in der Regel mit Studierenden und Praxisfeldern in engem Kontakt.

Rudolf Bieker und Heike Niemeyer, Köln

Zu diesem Buch

Der Allgemeine Soziale Dienst (ASD) ist gilt als Basisdienst im Jugendamt und ist die zentrale Anlaufstelle für junge Menschen, Mütter, Väter und andere Familienangehörige, die Rat und Unterstützung in allen Bereichen der Erziehung und Sorge suchen. Als sozialpädagogischer Fachdienst gehören Information, Beratung, Hilfe und Schutz zu seinen zentralen Aufgaben. Dadurch nimmt der ASD im Rahmen der kommunalen Daseinsvorsorge eine Schlüsselposition ein und deckt mit seinem breiten Leistungsspektrum alle Aspekte der in § 1 SGB VIII genannten Aufgaben und Aufträge im Rahmen der Kinder- und Jugendhilfe ab.

Aktuelle gesellschaftliche Herausforderungen und Veränderungen wie u. a. der Fachkräftebedarf, der demografische Wandel und die Diskussion um die Zunahme der Komplexität sozialer Problemlagen (siehe u. a. Müller et al 2024; ism 2022) wirken sich unmittelbar auf die Arbeit im ASD aus, gilt er bekanntlich als »Sensor für soziale Problemlagen« (Schone 2023a, 381). Parallel bedingen die vielfältigen Gesetzesnovellierungen der letzten Jahrzehnte (u. a. BuKSchG, JGG, SGB IV, KJSG), die eine wichtige Grundlage für die Arbeit im ASD bilden, kontinuierliche strukturelle und fachliche (Um-)Strukturierungs-, Weiterentwicklungs- und Optimierungsprozesse. Der ASD steht jeher auf dem gesellschaftlichen Prüfstand und insbesondere von Seiten der Medien kritisch und leider häufig sehr einseitig im Kontext Kinderschutz im Fokus (vgl. Merchel 2023a; Merchel et al. 2023c). Insgesamt betrachtet bestehen für die im ASD beschäftigten Fachkräfte komplexe Herausforderungen im Konglomerat von einzelfallbezogener Arbeit, inhaltlich-fachlicher Anforderungen und politischen und rechtlichen Aufträgen.

Eine zukunftsfähige und starke Jugendhilfe benötigt einen ASD mit qualifizierten und motivierten Fachkräften, um seine zentrale Rolle als

Initiator und Mitentwickler einer passgenauen Infrastruktur sozialer Dienstleistungen und somit eine umfassende »Zukunftsaufgabe« innerhalb der Kommunen einnehmen zu können (vgl. AGJ 2010).

Der vorliegende Einführungsband versteht sich genau aus diesem Grund als praxisbezogenes Lehr- und Arbeitsbuch: Es werden organisationale, rechtliche und fachliche Grundlagen der Arbeit im ASD vermittelt und ein sich darauf begründetes fachliches Kompetenzprofil der ASD-Fachkraft skizziert. Unter Berücksichtigung der enormen Herausforderung im Rahmen dieser Reihe, eine möglichst kompakte Darstellung aller wesentlich notwendigen Grundlagen und fachlichen Anforderungen für eine professionelle Arbeit im ASD vorzunehmen – ohne jedoch zu komplexitätsreduzierend und oberflächlich zu sein –, besteht ferner der Anspruch und die Hoffnung, mit diesem Einführungsband einen Beitrag zur notwendigen Stärkung des sozialpädagogischen Profils des ASD sowohl in der (Fach-)Debatte als auch in der Praxis selbst zu leisten.

Inhalt

1 Kommunale Strukturen und Akteure der Kinder- und Jugendhilfe

☞ Überblick

Dieses Kapitel beschäftigt sich mit den kommunalen Strukturen und den Akteur*innen und Organisationen der Kinder- und Jugendhilfe. Innerhalb der kommunalen Verwaltung kommt dem Jugendamt eine besondere Bedeutung zu. Der ASD – auch Bezirkssozialdienst, Regionaler Sozialdienst (RSD) oder Kommunaler Sozialdienst (KSD) genannt – ist direkt im Jugendamt angesiedelt und nimmt dort eine entscheidende Funktion wahr: Der ASD agiert als erste Anlaufstelle und zentrale Drehscheibe für Kinder, Jugendliche und ihre Familien. Dabei ist er als sozialpädagogischer Fachdienst in verwaltungsspezifische Vorgaben und Prozesse, Handlungs- und Organisationslogiken eingebettet.

1.1 Das Jugendamt als Teil der öffentlichen Verwaltung

In der Bundesrepublik Deutschland verteilt sich die Zuständigkeit für sozialpolitische Kontexte und Aufgaben auf den Bund, die Länder und die Kommunen mit jeweils unterschiedlichen Kompetenzen und Rechtsrahmen. Während sich die sozialpolitischen Kompetenzen des Bundes und der Länder primär auf die Gesetzgebung (im Sinne eines einheitlichen Rechtsrahmens) beschränken, führen die Kommunen/Landkreise im Rahmen ihrer Selbstverwaltung die Gesetze mit begrenzter eigener Gestaltungsmacht, u.a. Aufgaben der öffentlichen Daseinsvorsorge wie z.B. wirtschaftliche, soziale und kulturelle Angebote und Leistungen, aus (vgl. Bieker 2016, Benz et al. 2015). Mittels der eigens dafür geschaffenen kommunalen Verwaltungsstruktur aus (Fach-)Ämtern und Betrieben nimmt die Kommune ihre Aufgaben in den Bereichen der ökonomisch-sozialen Grundversorgung, des Aufbaus öffentlicher Infrastruktur und kommunaler Planungen wahr (vgl. Andersen et al. 2003).

Demnach wird auch ein Großteil der Aufgaben der Kinder- und Jugendhilfe nach dem Kinder- und Jugendhilfegesetz (SGB VIII) durch die kommunalen örtlichen Träger verantwortet und gesteuert. Im Rahmen der sogenannten Selbstverwaltung erfüllt hier die Kommune die Aufgaben nach dem SGB VIII als Pflichtaufgaben (vgl. Rätz, Schröer & Wolf 2014, 189).

Das Jugendamt ist Teil der öffentlichen kommunalen Verwaltung, ist demnach also eine Behörde und unterliegt bestimmten gesetzlichen Regeln, z.B. verwaltungsrechtlichen Vorgaben und Gestaltungsspielräumen. Das Jugendamt ist eine Sozialverwaltung. Hierfür gilt primär das Sozialverwaltungsrecht, da es sich auf die Ermöglichung von Sozialleistungen ausrichtet. Da das Jugendamt eine Behörde im Sinne vom § 1 Abs. 2 SGB X ist, nimmt es Aufgaben der öffentlichen Verwaltung wahr.

§ 69 SGB VIII Träger der öffentlichen Jugendhilfe, Jugendämter, Landesjugendämter

(1) Die Träger der öffentlichen Jugendhilfe werden durch Landesrecht bestimmt.
(2) (weggefallen)
(3) Für die Wahrnehmung der Aufgaben nach diesem Buch errichtet jeder örtliche Träger ein Jugendamt, jeder überörtliche Träger ein Landesjugendamt.
(4) Mehrere örtliche Träger und mehrere überörtliche Träger können, auch wenn sie verschiedenen Ländern angehören, zur Durchfüh-

rung einzelner Aufgaben gemeinsame Einrichtungen und Dienste errichten.

Im Rahmen der kommunalen Gestaltungshoheit nach Art. 28 Abs. 2 GG kann eine Kommune »alle Angelegenheiten der örtlichen Gemeinschaft im Rahmen der Gesetze in eigener Verantwortung« regeln. Je nach Zuschnitt der jeweiligen kommunalen Verwaltungsstrukturen und entsprechenden Regelungen existiert ein eigenes Fachamt oder die Aufgaben der Jugendhilfe sind als Teil anderen Ämtern oder Fachbereichen zugeordnet. Bundesweit existiert demnach eine reichhaltige Varianz: Es existiert nicht *das* Jugendamt. Größten Einfluss auf die grundsätzliche funktionale Aufgabengestaltung der Organisation des Jugendamtes hat maßgeblich § 70 Abs. 1 und 2 SGB VIII, der die sogenannte Zweigliedrigkeit des Jugendamtes als bundeseinheitliche Regelung vorgibt: Das Jugendamt besteht aus dem Teil Verwaltung und dem Teil Jugendhilfeausschuss (vgl. Stock et al. 2020) (► Abb. 1).

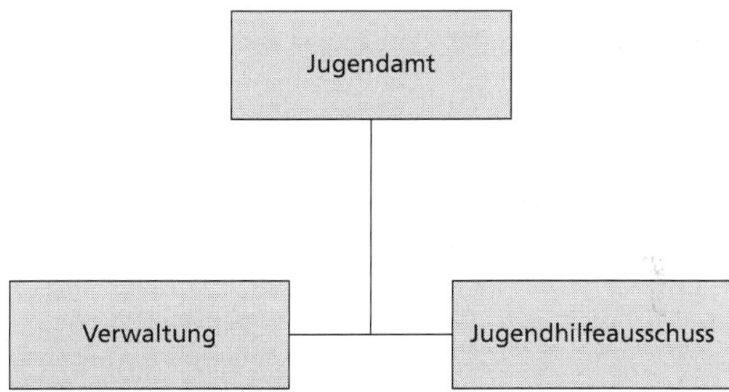

Abb. 1: Zweigliedrigkeit des Jugendamtes

§ 70 Organisation des Jugendamts und des Landesjugendamts

(1) Die Aufgaben des Jugendamts werden durch den Jugendhilfeausschuss und durch die Verwaltung des Jugendamts wahrgenommen.
(2) Die Geschäfte der laufenden Verwaltung im Bereich der öffentlichen Jugendhilfe werden vom Leiter der Verwaltung der Gebiets-

körperschaft oder in seinem Auftrag vom Leiter der Verwaltung des Jugendamts im Rahmen der Satzung und der Beschlüsse der Vertretungskörperschaft und des Jugendhilfeausschusses geführt.

1.1.1 Die Verwaltung des Jugendamtes

Eine Verwaltung unterliegt einer spezifischen Organisations- und einer eigenen spezifischen Handlungslogik. Der Aufbau einer Verwaltung ist durch eine hierarchische Ordnung geprägt, die in Einheiten, Abteilungen und Bereiche untergliedert ist (▶ Abb. 2). In der Regel werden Verwaltungen klassisch durch Organigramme abgebildet, welche demnach den Aufbau der Organisation der Kommunalverwaltung abbildet und gleichzeitig die Verortung jeder Organisationseinheit, hier das Jugendamt, aufzeigt.

Darüber hinaus bildet diese Struktur auch gleichzeitig eine Hierarchie mit entsprechenden Zugehörigkeiten, Verantwortlichkeiten, Zuständigkeiten und auch Kommunikationswegen ab (▶ Abb. 3).

Außerdem ist das Jugendamt durch ein Verwaltungshandeln geprägt. Dies bedeutet, dass formelle Gestaltungsvorgaben für bestimmte Abläufe vorzufinden sind. Im Rahmen dieses sogenannten verwaltungsspezifischen Dienstbetriebes existieren in der Regel Vorschriften zur Aktenführung und für den internen und externen Schriftverkehr (z. B. Vorlagen für Aktenvermerke, Anträge, Bewilligungen, Briefbögen) und auch einheitliche Verfahrensweisen (z. B. Prozessabläufe, Verfahrensvorschriften). Entweder sind diese im Rahmen des Dienstbetriebes der gesamten Kommunalverwaltung eingeordnet, z. B. Vorlagen für Anträge, Aktenvorlagen, Ablaufprozesse, oder speziell für das Handeln und die Prozesse/Verfahren im Jugendamt selbst entwickelt und abgestimmt worden, z. B. auf Grundlage der rechtlichen Verfahrensvorschriften durch das SGB VIII.

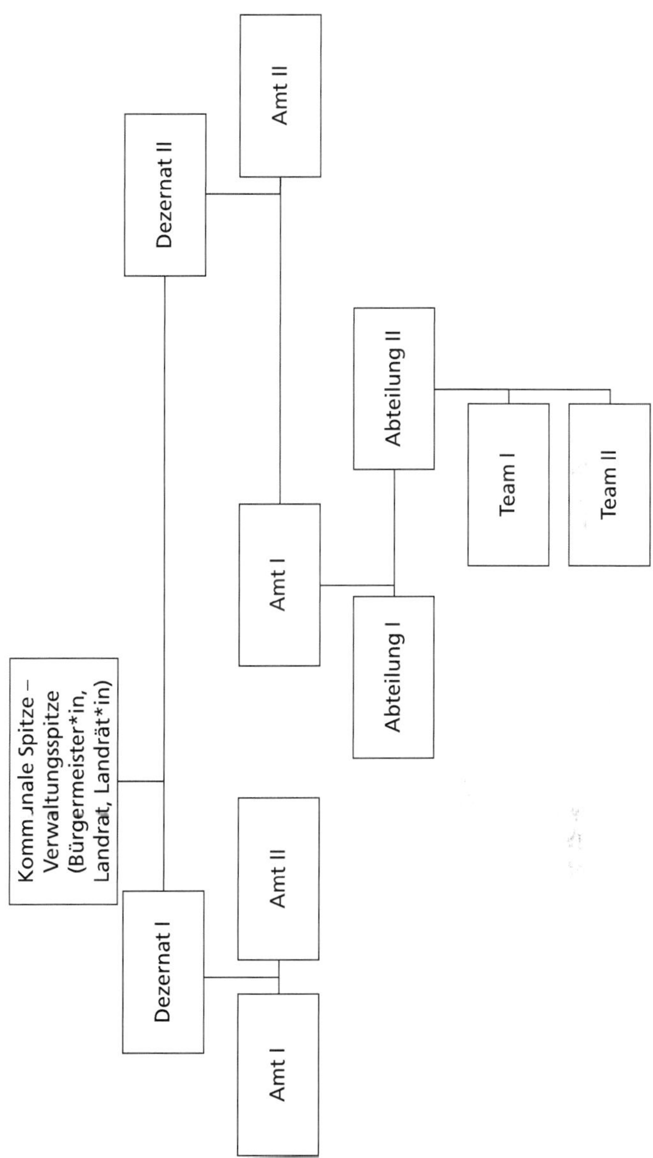

Abb. 2: Einfaches Organigramm einer Kommunalverwaltung (eigene Darstellung)

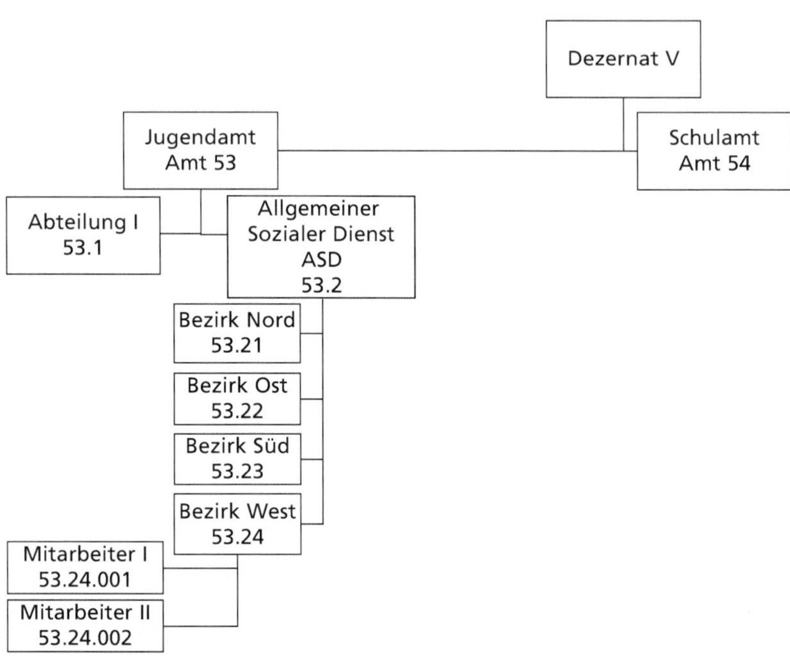

Abb. 3: Einfaches Organigramm eines Stadtjugendamtes inkl. ASD mit Bezirksorientierung und Arbeitsplatznummer der Mitarbeitenden (eigene Darstellung)

Kasten 1: Beispiel Vorlage Aktennotiz

Arbeitsplatznummer: ______________________ Datum: ______
Sachbearbeiter*in: ______________________

Aktenzeichen/Az: ______________________
Betreff: ______________________
Hier: ______________________

Vermerk: ____
____
____

Kasten 2: Beispiel Internes Schreiben/Interne Mitteilung (Muster)

Von: ________________	Zeichen: ___________ Telefon/Durchwahl: ______ Email: ___________ Datum: ___________
An: ________________	Abteilung: ___________
Mit der Bitte um: ☐ Kenntnisnahme ☐ Rücksprache ☐ Erledigung ☐ Sonstiges: ___________________	Bemerkungen: ___________ ☐ Anlagen

Die Verwaltung des Jugendamtes – ergo auch die Mitarbeitenden des ASD – ist somit sowohl in die gesamtkommunalen Verwaltungsstrukturen als auch in die Strukturen und Prozesse der eigentlichen Behörde Jugendamt eingebunden (zur Ambivalenz von sozialpädagogischer Tätigkeit in einer Verwaltung ▶ Kap. 3.3).

Das Handeln in der Verwaltung des Jugendamtes ist ferner auch durch die Arbeit nach Verfahrensregeln nach dem *Verwaltungsverfahrensrecht* (SGB X) geregelt. Jene Verfahrensregeln und -standards sind für die Mitarbeitenden der Verwaltung – und damit auch für die Mitarbeitenden im ASD – bindend und bei Einhaltung ebendieser auch rechtskräftig. Häufig werden die Verwaltungsverfahrensregeln und -prozesse in Handlungsschritte ausdifferenziert (vgl. Waschull 2023, 76). Das Jugendamt und so auch die Verwaltungseinheit ASD sind eine Sozialverwaltung, wodurch hier primär das Sozialverwaltungsverfahrensrecht bindend ist: Hier steht, so Waschull (2023), die Ermöglichung von Sozialleistungen im Vordergrund, d. h., der Fokus liegt hier auf die Stärkung der Klient*innen bei »der der Realisierung möglicher Sozialleistungen […]. Das geschieht im Wesentlichen auf dreierlei Art und Weise: niedrigschwelliger Zugang zum Sozialleistungssystem, Verfahrenslast liegt beim Sozialleistungsträger und nicht bei den Klienten sowie Verfahrensrechte der Klienten« (ebd., 77). Dementsprechend sind die Klient*innen »Subjekt des Verfahrens« (ebd., 76) und Träger von spezifischen Rechten gegenüber dem ASD, wie z. B. Recht auf Erscheinen mit einem Beistand, Bestellung eines Bevollmächtigten, Akteneinsichtsrecht, die Pflicht zur Anhörung oder das Grundrecht auf Datenschutz.

Als relevante und vom jeweiligen Mitarbeitenden einzuhaltende Verfahrenskriterien, auf die im Rahmen der Zusammenarbeit mit den Klienten geachtet werden muss, sind u. a. besondere Antragsregularien, Bearbeitungsfristen, Bestimmungen über den entsprechenden Sachverhalt, Datenschutzbestimmungen, Entscheidungsgrundlagen und -ergebnisse, Rechte der Verfahrensbeteiligten wie z. B. Vertretungsberechtigungen, Akteneinsicht, Anhörung zwingend zu berücksichtigen (Waschull 2023).

Eine Verwaltung ist immer in eine Leistungs- und Eingriffsverwaltung zu unterscheiden. Mit Leistungsverwaltung werden diejenigen Handlungen der öffentlichen Verwaltung bezeichnet, die Bürger*innen Leistungen anbieten. Dies können Geldleistungen, personenbezogene oder allgemeine Dienstleistungen sein. Unter Eingriffsverwaltung versteht man die Handlungen der öffentlichen Verwaltung, die Bürger*innen ein Tun, Dulden oder Unterlassen aufgeben und damit in ihre Freiheiten oder Rechte einseitig eingreifen. In der Regel ist die Eingriffsverwaltung eine klassische Handlungsform der Gefahrenabwehr. Im Jugendamt und im ASD sind beide Programme vorzufinden: Es werden im Rahmen der Leistungsverwaltung z. B. Beratungen konkret angeboten und durchgeführt, im Rahmen der Eingriffsverwaltung Kinder oder Jugendliche in Obhut genommen (Inobhutnahme ▶ Kap. 2.1.3) und somit in die Grundrechte von Eltern bzw. Personensorgeberechtigten eingegriffen.

Die Verfahrensstandards und -regeln können grob in zwei unterschiedliche Handlungsprogramme unterteilt werden: die Zweckprogrammierung und die konditionale Programmierung (siehe u. a. Luhmann 1968). Die *konditionale Programmierung* ist gegeben, wenn das Vorliegen bestimmter Tatbestandsmerkmale A, B, C, D (im Sinne eines eindeutigen Sachverhalts) zu eindeutigem und festgeschriebenem Verwaltungshandeln führt (= »Wenn-Dann-Programme«). Hier bestehen demnach keine eigenen Entscheidungsspielräume der Verwaltungsmitarbeitenden. Als Beispiel kann hier die Festlegung der Höhe des KiTa-

Beitrages gelten: Die Höhe des KiTa-Beitrages der Eltern bzw. Personensorgeberechtigten ergibt sich aus der Einstufung nach dem jeweiligen Einkommen. Die *Zweckprogrammierung* ist gegeben, wenn lediglich ein bestimmtes Ziel (Zweck, erstrebte Wirkung) für das Handeln vorgegeben ist, die Art und Weise der Zielerreichung (welches Mittel, welche Handlungsschritte) in der Verwaltung aber selbst erarbeitet werden muss. Dieser Handlungsablauf ist von den Verwaltungsmitarbeitenden nach Zweckmäßigkeitsgesichtspunkten immer neu zu bestimmen. Als Beispiel kann hier die Gewährung von Hilfen zur Erziehung aufgrund der Hilfeplanung nach § 36 SGB VIII gelten: Im Rahmen der Hilfeplanung wird zwischen dem*der ASD-Mitarbeitenden und den Adressat*innen u. a. die Hilfeart, -dauer und -erbringer in einem Aushandlungsprozess erörtert und festgelegt. Im Jugendamt generell als auch im ASD finden wir beide Handlungsprogramme vor.

1.1.2 Der Jugendhilfeausschuss

Der Jugendhilfeausschuss (JHA) ist nicht nur ein Teil des Jugendamtes, sondern das kommunale Gremium mit einer strategischen Rolle, da hier durch Beschlüsse in Grundsatzangelegenheiten oder Rahmenbeschlüsse der kommunalen Kinder- und Jugendhilfe gesteuert wird.

§ 71 Jugendhilfeausschuss, Landesjugendhilfeausschuss

(1) Dem Jugendhilfeausschuss gehören als stimmberechtigte Mitglieder an
1. mit drei Fünfteln des Anteils der Stimmen Mitglieder der Vertretungskörperschaft des Trägers der öffentlichen Jugendhilfe oder von ihr gewählte Frauen und Männer, die in der Jugendhilfe erfahren sind,
2. mit zwei Fünfteln des Anteils der Stimmen Frauen und Männer, die auf Vorschlag der im Bereich des öffentlichen Trägers wirkenden und anerkannten Träger der freien Jugendhilfe von der Vertretungskörperschaft gewählt werden; Vorschläge der Ju-

gendverbände und der Wohlfahrtsverbände sind angemessen zu berücksichtigen.

(2) Dem Jugendhilfeausschuss sollen als beratende Mitglieder selbstorganisierte Zusammenschlüsse nach § 4a angehören.

(3) Der Jugendhilfeausschuss befasst sich mit allen Angelegenheiten der Jugendhilfe, insbesondere mit

1. der Erörterung aktueller Problemlagen junger Menschen und ihrer Familien sowie mit Anregungen und Vorschlägen für die Weiterentwicklung der Jugendhilfe,
2. der Jugendhilfeplanung und
3. der Förderung der freien Jugendhilfe.

(4) Er hat Beschlussrecht in Angelegenheiten der Jugendhilfe im Rahmen der von der Vertretungskörperschaft bereitgestellten Mittel, der von ihr erlassenen Satzung und der von ihr gefassten Beschlüsse. Er soll vor jeder Beschlussfassung der Vertretungskörperschaft in Fragen der Jugendhilfe und vor der Berufung eines Leiters des Jugendamts gehört werden und hat das Recht, an die Vertretungskörperschaft Anträge zu stellen. Er tritt nach Bedarf zusammen und ist auf Antrag von mindestens einem Fünftel der Stimmberechtigten einzuberufen. Seine Sitzungen sind öffentlich, soweit nicht das Wohl der Allgemeinheit, berechtigte Interessen einzelner Personen oder schutzbedürftiger Gruppen entgegenstehen.

Im § 71 SGB VIII ist die inhaltliche Ausgestaltung und die Zusammensetzung des JHA bundeseinheitlich gesetzlich geregelt. In Abs. 2 sind vier hervorgehobene Aufgabenbereiche benannt:

- Erörterung aktueller Problemlagen junger Menschen und ihrer Familien
- Anregungen und Vorschläge zur Weiterentwicklung der Jugendhilfe
- Jugendhilfeplanung
- Förderung der freien Jugendhilfe

Sicherzustellen sind demnach zuvorderst ein bedarfsgerechter Aufbau bzw. die Gewährleistung einer bedarfsgerechten Infrastruktur der Kinder- und Jugendhilfe in der Gebietskörperschaft (Kommune oder Landkreis), die regelmäßige Überprüfung vorhandener Angebote und Angebotsstrukturen und darüber hinaus die Anregung von Innovationen für die kommunale Kinder- und Jugendhilfe.

Die Zusammensetzung des JHA besteht laut Abs. 1 aus vier Akteursgruppen:

- »politische Akteure« entsprechend den in der Vertretungskörperschaft vertretenden Fraktionen
- Akteur*innen von freien Trägern der Jugendhilfe
- Repräsentat*innen der Verwaltung
- Beratende Mitglieder und selbstorganisierte Zusammenschlüsse zur Selbstvertretung (gemäß § 4a SGB VIII)

Die Trennung von JHA und Verwaltung ist aber in der Praxis nicht immer eindeutig. Durch die vielen Einzelentscheidungen im JHA werden auch strategische Linien faktisch konstituiert, wohingegen die Verwaltung durch die ihr alltäglich zur Verfügung stehende Informationsfülle, ihre Handlungskompetenzen und Handlungsressourcen eine stark gestaltende Funktion inne hat. In der Praxis spricht man hier auch häufig von einer Divergenz zwischen dem rechtlichen Vorrang des JHA und der faktischen Dominanz der Verwaltung. Allerdings kann davon ausgegangen werden, dass das die Arbeit und das Handeln im ASD durch den JHA beeinflusst, z. B. das Handeln der Verwaltung wird öffentlich diskutiert, freie Träger nehmen Einfluss auf die Arbeit des Jugendamtes (vgl. Klomann 2022).

Zu konstatieren ist ferner die spezifische Verknüpfung von Fachlichkeit (Verwaltung des Jugendamtes) und Politik (JHA) als profilgebendes Merkmal des Jugendamtes als Fachbehörde (siehe auch Kunkel 2022, 246). Gemäß § 72 Abs. 1 Satz 1 SGB VIII wird mit dem sogenannten Fachkräftegebot auch gesichert, dass die Jugendämter »hauptberuflich nur Personen beschäftigen, die sich für die jeweilige Aufgabe nach ihrer Persönlichkeit eignen und eine dieser Aufgabe entsprechende Ausbildung erhalten haben (Fachkräfte)« (vgl. auch Landes & Köhler 2023, 34 f.).

1.2 Der ASD als eine Organisationseinheit in der Verwaltung

Die historische Entwicklung des ASD in Deutschland lässt sich als eine zunehmende Professionalisierung und Institutionalisierung sozialer Dienstleistungen seit dem späten 19. Jahrhundert skizzieren. In der Frühphase industrieller Entwicklung entstanden vielfältige soziale Probleme, auf die mit ersten Formen organisierter sozialer Fürsorge reagiert wurde. Verschiedene private Wohltätigkeitsorganisationen und kirchliche Träger spielten hier die zentrale Rolle. Mit zunehmender Industrialisierung und Urbanisierung (Ende 19./Anfang 20. Jahrhundert) sowie den daraus resultierenden sozialen Problemen sahen sich staatliche und kommunale Strukturen zunehmend in der Pflicht, soziale Dienste anzubieten. Anfänge einer öffentlichen Jugendhilfe zeigten sich in der Ausgliederung der Kinder aus der allgemeinen Strafrechtspflege und der Zuführung einer gesonderten Behandlung (»Erziehung statt Strafe«). Mit der Einführung des Reichsjugendwohlfahrtsgesetzes (RJWG, 1922) wurde die sogenannte Familienfürsorge (FaFü) als Hilfeform der Sozialen Dienste (Ämter Fürsorge, Gesundheit und Jugend) etabliert und differenziert nach Innendienst (im Sinne einer behördlichen Verantwortung und Aufsicht) und Außendienst (im Sinne ambulanter fürsorgerischer Hilfen) angeboten. Bis in die 1960er Jahre hinein bestand die Familienfürsorge in dieser Form, allerdings hat, so Aner und Hammerschmidt, »die Ausgestaltung der FaFü bis in die 1960er Jahre hinein weder zu einem dominierenden Konzept sozialer Dienste noch zu einer einheitlichen Verwaltungsstruktur« geführt (Aner & Hammerschmidt 2018, 125). Erst mit der Novellierung des Jugendwohlfahrtsgesetzes (JWG, 1961) wurde die Familienfürsorge stärker an die Jugendämter angebunden, bis letztendlich ab dem 1970er Jahren der ASD in den Kommunen etabliert wurde (siehe auch Hansbauer, Merchel & Schone 2024; Hammerschmidt & Uhlendorff 2023; Klomann 2022). Zwischen 2006 und 2018 ist eine kontinuierliche Zunahme der Fachkräfte im ASD zu verzeichnen, laut aktueller Statistik waren Ende 2020 17.237 Personen im ASD in den insgesamt 557 Jugendämtern der Bundesrepublik tätig (Beschäftigungsvolumen entspricht 15.100 Vollzeitäquivalente (VZÄ) (vgl. AKJstat 2023, 17 ff).

Die Organisation und der Aufbau der Jugendämter ist bundesweit – wie zuvor aus der Historie heraus verdeutlicht – nach wie vor nicht einheitlich, allerdings lassen sich ähnliche Aufbaustrukturen vorfinden.

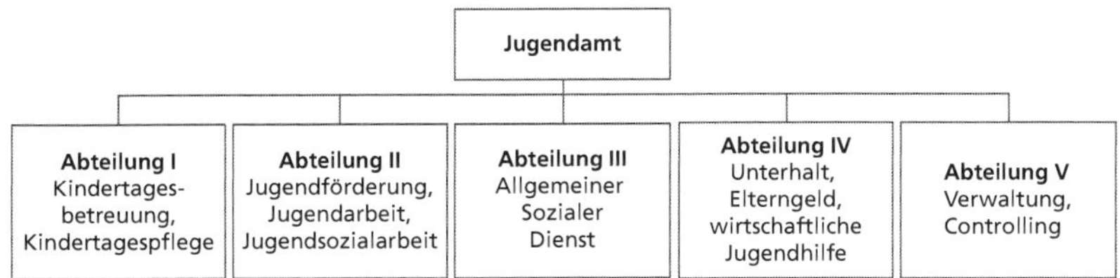

Abb. 4: Allgemeines Organigramm zu den Organisationseinheiten eines fiktiven Jugendamtes

Der ASD ist formal gesehen eine von mehreren Organisationseinheiten im Jugendamt. Der Aufbau der Jugendämter variiert auch hier bundesweit, da er der kommunalen Entscheidungshoheit unterliegt und zumeist von vielen kommunalen Aspekten beeinflusst wird. Ganz allgemein kann von einer aufgabenspezifischen Organisationsstruktur ausgegangen werden: Die einzelnen Abteilungen des Jugendamtes lassen sich den verschiedenen Leistungen und Aufgaben der Kinder- und Jugendhilfe nach dem SGB VIII (▶ Abb. 4) zuordnen. Aus Sicht der ASD-Arbeit ergibt sich hieraus die Notwendigkeit zu einzelfallspezifischen Kooperation mit den einzelnen Abteilungen, da sich sowohl aufgrund der Bedarfe und Bedürfnisse als auch Lebenslagen der Klient*innen Überschneidungen ergeben.

Wie die Organisationseinheit ASD geregelt wird, ist nicht gesetzlich festgelegt, auch hier besteht die kommunale Entscheidungshoheit. Von daher kann man auch nicht von *dem* ASD sprechen, es existiert keine bundes- oder landeseinheitliche Organisation des ASD. Vielmehr lassen sich sowohl unterschiedliche Bezeichnungen (z. B. Allgemeiner Sozialdienst ASD, Kommunaler Sozialer Dienst KSD, Jugendhilfedienste) als auch unterschiedliche Modalitäten in Bezug auf Zuständigkeiten (Allzuständigkeiten, Teilzuständigkeiten), Aufgabengebiete und Spezialisierungen (Spezialdienste wie z. B. Jugendhilfe im Strafverfahren, Kinderschutzdienste, Adoptions- und Pflegekinderdienste) vorfinden. Das Bestehen von Allzuständigkeiten des ASD und der Spezialisierung in Form von Spezialdiensten erfordert von den ASD- Mitarbeitenden die Bearbeitung ebendieser Schnittstellen, da hier eine fallspezifische Koordination und Abstimmung zwischen den einzelnen Zuständigkeiten und Aufgabengebieten vonnöten ist.

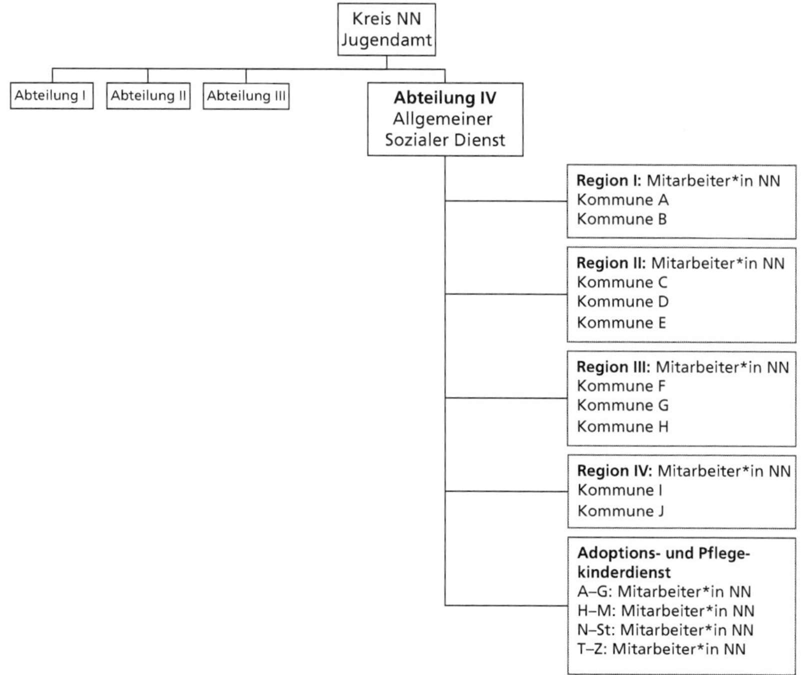

Abb. 5: Fiktives Organigramm eines ASD in einem Kreisjugendamtes (eigene Darstellung)

In den ASDs arbeitet man genuin in Teams, die durch eine Teamleitung oder Teamkoordination begleitet wird. Viele Jugendämter organisieren den ASD dezentral, sodass die Bezirksteams in den Stadtteilen/Sozialräumen/Bezirken (► Abb. 3) oder für Gemeinden des Landkreises (je nach Größe der Kommune oder des Landkreises ► Abb. 5) verortet sind, in denen sie tätig sind. Häufig haben die ASD-Teams direkt in den Stadtteilen oder Regionen ihr Büro als für die Bürger*innen gut zugängliche Anlaufstelle im Sozialraum bzw. Bezirk; es lassen sich aber auch ASDs in dem zentralen Verwaltungsgebäude des Landkreises (Kreishaus) finden.

In den o. g. Spezialdiensten (z. B. Adoptions- und Pflegekinderdiensten) und auch in den Verwaltungsabteilungen der Jugendämter (z. B. Elterngeldstelle, Unterhaltsvorschusskasse etc.) lässt sich häufig eine sogenannte Buchstabenorientierung wiederfinden. Hier regelt sich die Zuständigkeit des Mitarbeitenden nach dem Anfangsbuchstaben des Nachnamens der Klient*in (▶ Abb. 5). ASD- Mitarbeitende arbeiten dementsprechend mit unterschiedlichen Verwaltungsmitarbeitenden (je nach Buchstabenzugehörigkeit) innerhalb ihres sozialraumorientierten Zuständigkeitsgebietes zusammen. Letztendlich wird deutlich, dass obwohl eine Verwaltung eine sehr strukturierende und in Teilen auch starre Organisation abbildet, die Organisationseinheit ASD aufgrund »regionaler Anforderungen und kommunaler Spezifika flexibel organisational strukturiert wird und damit regionale Besonderheiten aufnimmt« (Hansbauer, Merchel & Schone 2024 236).

1.2.1 Partnerschaftliche Zusammenarbeit und Subsidiaritätsprinzip

Gerade im Bereich der Kinder- und Jugendhilfe spielt bei der kommunalen Umsetzung und Ausführung von sozialen Dienstleistungen eine Vielzahl an Akteuren und Organisationen eine wichtige Rolle, denn das Jugendamt bzw. der ASD als öffentlicher Träger erbringt die meisten Leistungen nicht selbst, sondern lässt sie durch Dritte, die freien Träger der Kinder- und Jugendhilfe, erbringen. Diese teilen sich in Träger der freien gemeinnützigen Kinder- und Jugendhilfe (wie z. B. Wohlfahrtsverbände, Jugendverbände und sonstige Träger) und in privat-gewerbliche (nicht gemeinnützige) Träger auf. Die freien gemeinnützigen Träger erbringen die unterschiedlichen Leistungen der Kinder- und Jugendhilfe und sind daher zentraler und wichtiger Kooperationspartner des öffentlichen Trägers. Darüber hinaus sind sie mit Sitz und Stimme im politischen Jugendhilfeausschusses vertreten und daher auch an der kommunalen Infrastrukturplanung beteiligt. Privat-gewerbliche Träger (wie z. B.

betriebliche Anbieter von Betriebskindertagesstätten) erbringen ausschließlich Leistungen der Kinder- und Jugendhilfe (vgl. Bieker 2011; Merchel 2017).

Grundlegend wird von allen Akteuren der Kinder- und Jugendhilfe – freie und öffentliche Träger – eine partnerschaftliche Zusammenarbeit gefordert. § 4 Abs. 1 SGB VIII legt hierfür die Grundlage:

> »Die öffentliche Jugendhilfe soll mit der freien Jugendhilfe zum Wohl junger Menschen und ihrer Familien partnerschaftlich zusammenarbeiten. Sie hat dabei die Selbständigkeit der freien Jugendhilfe in Zielsetzung und Durchführung ihrer Aufgaben sowie in der Gestaltung ihrer Organisationsstruktur zu achten.«

Essentielle Bedeutung hat in diesem Kontext das sogenannte Subsidiaritätsprinzip, welches in § 4 Abs. 2 SGB VIII aufgegriffen wird:

> »Soweit geeignete Einrichtungen, Dienste und Veranstaltungen von anerkannten Trägern der freien Jugendhilfe betrieben werden oder rechtzeitig geschaffen werden können, soll die öffentliche Jugendhilfe von eigenen Maßnahmen absehen.«

Subsidiaritätsprinzip

Nach dem Subsidiaritätsprinzip soll eine (staatliche) Aufgabe möglichst von der kleineren Einheit/unteren Ebene ausgeführt werden und die jeweils größere Einheit nur dann eingreifen, wenn die kleinere Einheit aus eigener Kraft nicht in der Lage ist, diese Aufgabe zu erfüllen bzw. diese kleinere Einheit zu stärken, dass sie entsprechend tätig werden können (vgl. DV 2017, 892).

Dementsprechend hat in der Kinder- und Jugendhilfe der ASD als öffentlicher Träger nur einen bedingten Vorrang gegenüber dem freien Träger bei der Bereitstellung von Leistungen nach dem SGB VIII.

1.2.2 Sozialrechtliches Leistungsdreieck

Bei der Planung und Ausgestaltung der Leistungen handeln die Akteur*innen in einem sogenannten sozialrechtlichen Leistungsdreieck zwischen Leistungsberechtigten (Kinder, Jugendliche, junge Erwachsene, Eltern bzw. Personensorgeberechtigte), Leistungserbringern (in der Regel freie Träger) und Leistungsgewährern (in der Regel öffentliche Träger).

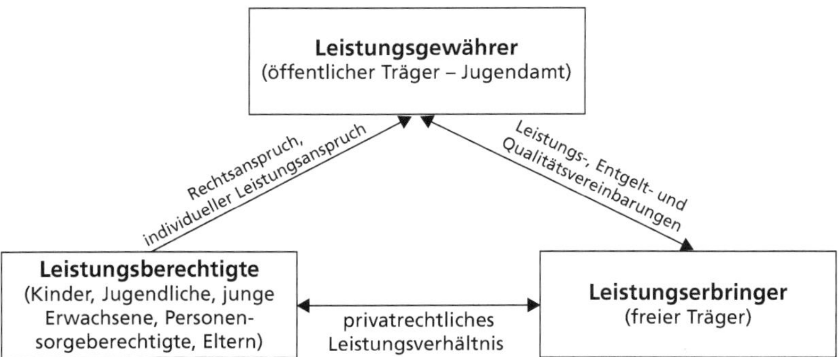

Abb. 6: Sozialrechtliches Leistungsdreieck der Kinder- und Jugendhilfe (in Anlehnung an: IJAB – Fachstelle für Internationale Jugendarbeit der Bundesrepublik Deutschland e. V. (2023): Infosystem Kinder- und Jugendhilfe in Deutschland. Unter: https://www.kinder-jugendhilfe.info/)

Das sozialrechtliche Leistungsdreieck bildet drei Rechtsbeziehungen unterschiedlicher Akteur*innen ab: Die Leistungsberechtigten sind genuin die Bürger*innen, im Kontext der Kinder und Jugendhilfe grundsätzlich alle Kinder, Jugendlichen, jungen Erwachsenen, Personensorge- oder Erziehungsberechtigte und Eltern. Wenn diese einen Rechtsanspruch auf eine Leistung nach dem SGB VIII haben (z. B. Hilfen zur Erziehung), richtet sich dieser Anspruch grundsätzlich gegen den öffentlichen Träger der Jugendhilfe (das Jugendamt). Die konkrete Dienstleistung, auf die sich der Rechtsanspruch bezieht, wird in der Regel durch Einrichtungen und Dienste der freien Träger der Jugendhilfe erbracht. Diese Leistungen und die Art der Leistungserbringung werden im Rahmen einzelfallunabhängiger Leistungs-, Entgelt- und Qualitätsvereinbarungen (LEQ-Vereinbarungen) mit dem öffentlichen Jugendhilfeträger erbracht (siehe §§ 77, 78a ff. SGB VIII). Die Leistungserbringer (freie Träger) haben einen Rechtsanspruch auf den Abschluss dieser LEQ-Vereinbarungen, hierauf beruht auch die Übernahme des entsprechenden Entgelts (§ 78b Abs. 1 SGB VIII) im Einzelfall. Die einzelfallspezifische Dienstleistung (notwendige Hilfe-

und Unterstützungsleistung) wird unmittelbar durch den Leistungsberechtigten – im Rahmen seines Wunsch- und Wahlrechts nach § 5 SGB VIII – in Anspruch genommen; die Inanspruchnahme beruht auf einer privatrechtlichen Vereinbarung zwischen Adressat*in und freiem Träger.

Auf den Punkt gebracht

Im Rahmen der Kinder- und Jugendhilfe bildet das sozialrechtliche Leistungsdreieck ein zentrales Konstrukt, um die Beziehungen der Akteur*innen in der Sozialen Arbeit zu beschreiben, insbesondere im Kontext der Kinder- und Jugendhilfe. Diese Konstellation spiegelt die Struktur der Zuständigkeiten und Verantwortlichkeiten wider und verdeutlicht, wie Ansprüche auf soziale Dienstleistungen zwischen den Betroffenen, den zuständigen Behörden und den ausführenden Einrichtungen vermittelt werden.

Die Zweigliedrigkeit des Jugendamtes, bestehend aus Verwaltung und Jugendhilfeausschuss, repräsentiert die organisatorische Struktur innerhalb der öffentlichen Trägerschaft der Jugendhilfe. Die Verwaltung des Jugendamtes führt die laufenden Geschäfte und setzt die beschlossenen Maßnahmen um. Der JHA ist für die Festlegung der Richtlinien der Jugendhilfepolitik verantwortlich, was die Planung, Förderung und Durchführung von Maßnahmen einschließt.

Der Allgemeine Soziale Dienst als Teil einer öffentlichen Verwaltung erfüllt eine Schlüsselfunktion innerhalb des Jugendamtes. Er ist daher in verwaltungsspezifische Prozess- und Verfahrensvorgaben eingebettet. Es gibt nicht *den* ASD: Aufgrund der kommunalen Entscheidungshoheit der Jugendämter in Deutschland können die Struktur des ASD und die Herangehensweisen in der Arbeit beträchtliche kommunale Eigenheiten aufweisen.

Reflexionsfragen

- Suchen Sie zwei Organigramme von unterschiedlichen Jugendämtern heraus und vergleichen diese miteinander. Worin bestehen die Gemeinsamkeiten, was unterscheidet sie voneinander?
- Suchen Sie nach Verfahrensvorgaben für Prozesse (z. B. Hilfeplanverfahren, Vorlagen für ein Hilfeplanprotokoll) zweier unterschiedlicher Jugendämter. Was fällt Ihnen auf?
- Schauen Sie sich ein Sitzungsprotokoll des örtlich zuständigen Jugendhilfeausschusses an. Wer ist Mitglied? Worüber wird aktuell im Kontext der Kinder- und Jugendhilfe diskutiert? Was wird entschieden?

Weiterführende Literatur

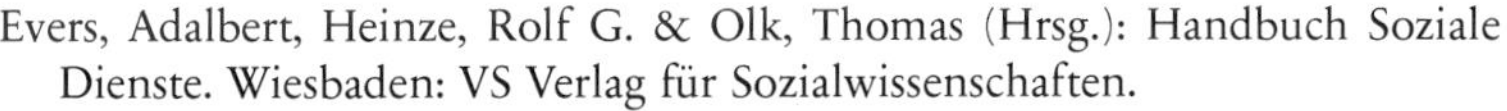

Evers, Adalbert, Heinze, Rolf G. & Olk, Thomas (Hrsg.): Handbuch Soziale Dienste. Wiesbaden: VS Verlag für Sozialwissenschaften.

Merchel, Joachim & Reismann, Hendrik (2004): Der Jugendhilfeausschuss. Eine Untersuchung über seine fachliche und jugendhilfepolitische Bedeutung am Beispiel NRW. Weinheim & München: Beltz Juventa.

Waschull, Dirk (2023): ASD-Arbeit und Verwaltungsverfahren. In: Merchel, Joachim (Hrsg.): Handbuch Allgemeiner Sozialer Dienst (ASD) (4., überarbeitete Auflage) (S. 76–86). München: Ernst Reinhard Verlag.

2 Rechtliche Grundlagen für die Arbeit im ASD

☞ Überblick

Dieses Kapitel befasst sich mit den rechtlichen Grundlagen der Arbeit im ASD. Dabei wird zunächst auf das zentrale rechtliche Fundament SGB VIII (Kinder- und Jugendhilfegesetz) eingegangen. Im Weiteren werden dann die Gesetzesmaterien erläutert, die die Arbeit im ASD maßgeblich mitbestimmen. Hierzu zählen das Familiengerichtsgesetz und familiengerichtliche Verfahrensgesetz, das Grundgesetz und das Bürgerliche Gesetzbuch.

2.1 Das Kinder- und Jugendhilfegesetz SGB VIII als Grundlage der Kinder- und Jugendhilfe

Das SGB VIII (Kinder- und Jugendhilfegesetz – KJHG) ist ein Bundesgesetz und bildet die Grundlage für die (Aus-)Gestaltung der Kinder- und Jugendhilfe in der Bundesrepublik Deutschland. Einzelne Verfeinerungen und spezifische Ansätze erfolgen durch entsprechende Landesausführungsgesetze zum SGB VIII (z. B. in der Förderung von Kindern in Kindertageseinrichtungen, der Ausgestaltung der offenen Kinder- und Jugendarbeit oder Jugendsozialarbeit). Zuständig sind zuvorderst die

Kommune bzw. der Landkreis als örtliche Träger. Das SGB VIII bezieht sich im Sinne des § 7 SGB VIII im Kern auf alle jungen Menschen (alle Kinder, Jugendliche und junge Volljährige im Alter von unter 27 Jahren) sowie Personen- und Erziehungsberechtigte. Personensorgeberechtigte Personen sind nach § 7 Abs. 1 Nr. 5 SGB VIII, »wem allein oder gemeinsam mit einer anderen Person nach den Vorschriften des Bürgerlichen Gesetzbuchs die Personensorge zusteht«.

Das SGB VIII trat im Januar 1991 in Kraft und ist als Paradigmenwechsel in der Kinder- und Jugendhilfe in der Geschichte der Hilfen für Kinder und Jugendliche der Bundesrepublik zu verstehen (siehe u.a. Hammerschmidt & Uhlendorff 2023; Wiesner 2013). Das bis dato geltende zuvorderst eingreifende Jugendwohlfahrtsgesetz (JWG) wurde durch das nun (dienst-)leistungsorientierte und sozialpädagogisch-fachliche Sozialleistungsgesetz abgelöst. Das Gesetz ist bis dato mehrfach novelliert worden: Im Jahre 2005 wurde das Gesetz zur Weiterentwicklung der Kinder- und Jugendhilfe (KICK) eingeführt. Hier wurden insbesondere Regelungen und Verpflichtungen zum Schutzauftrag bei Kindeswohlgefährdung (§ 8a SGB VIII) neu justiert und die Bestimmungen zur Tagesbetreuung ausgebaut. Das Bundeskinderschutzgesetz (BKiSchG) wurde 2012 eingeführt und regelt den präventiven und aktiven Kinderschutz in Deutschland. Kernstück ist das Gesetz zur Kooperation und Information im Kinderschutz (KKG). Zuletzt wurde das SGB VIII im Jahr 2021 im Rahmen des Kinder- und Jugendstärkungsgesetz (KJSG) novelliert. Besonders im Fokus sind hier ein besserer Kinder- und Jugendschutz, die Stärkung von Kindern und Jugendlichen, die in Pflegefamilien oder in Einrichtungen der Erziehungshilfe aufwachsen, mehr Prävention vor Ort, mehr Beteiligung von jungen Menschen, Eltern und Familien sowie Hilfen aus einer Hand für Kinder und Jugendliche mit und ohne Behinderungen. Die grundlegende Systematik des SGB VIII zeigt sich in der folgenden Darstellung (► Abb. 7).

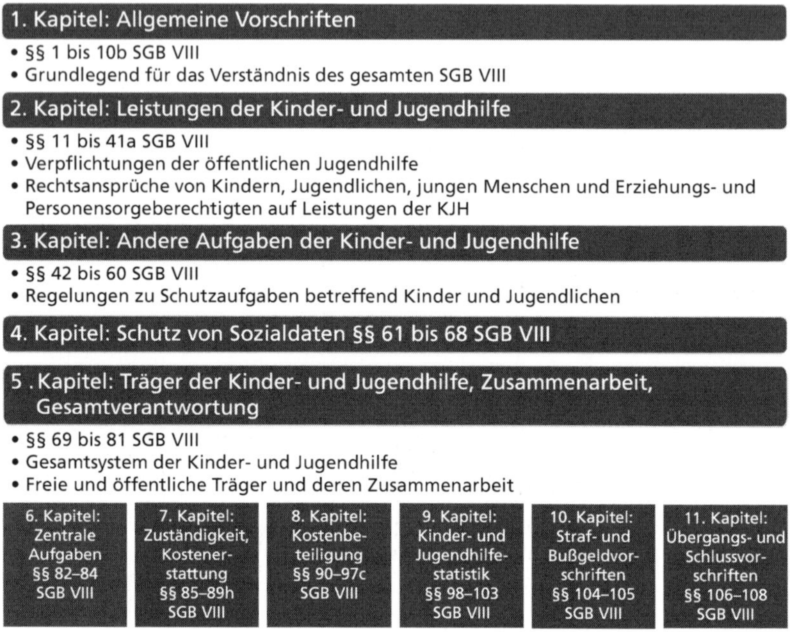

1. Kapitel: Allgemeine Vorschriften

- §§ 1 bis 10b SGB VIII
- Grundlegend für das Verständnis des gesamten SGB VIII

2. Kapitel: Leistungen der Kinder- und Jugendhilfe

- §§ 11 bis 41a SGB VIII
- Verpflichtungen der öffentlichen Jugendhilfe
- Rechtsansprüche von Kindern, Jugendlichen, jungen Menschen und Erziehungs- und Personensorgeberechtigten auf Leistungen der KJH

3. Kapitel: Andere Aufgaben der Kinder- und Jugendhilfe

- §§ 42 bis 60 SGB VIII
- Regelungen zu Schutzaufgaben betreffend Kinder und Jugendlichen

4. Kapitel: Schutz von Sozialdaten §§ 61 bis 68 SGB VIII

5 . Kapitel: Träger der Kinder- und Jugendhilfe, Zusammenarbeit, Gesamtverantwortung

- §§ 69 bis 81 SGB VIII
- Gesamtsystem der Kinder- und Jugendhilfe
- Freie und öffentliche Träger und deren Zusammenarbeit

6. Kapitel: Zentrale Aufgaben §§ 82–84 SGB VIII	7. Kapitel: Zuständigkeit, Kostenerstattung §§ 85–89h SGB VIII	8. Kapitel: Kostenbeteiligung §§ 90–97c SGB VIII	9. Kapitel: Kinder- und Jugendhilfestatistik §§ 98–103 SGB VIII	10. Kapitel: Straf- und Bußgeldvorschriften §§ 104–105 SGB VIII	11. Kapitel: Übergangs- und Schlussvorschriften §§ 106–108 SGB VIII

Abb. 7: Systematik des SGB VIII inkl. eigener Ergänzungen

2.1.1 Allgemeine Vorschriften

Leitmotiv der Kinder- und Jugendhilfe

Die Aufgaben und der Auftrag der Kinder- und Jugendhilfe sind grundlegend in *§ 1 SGB VIII Recht auf Erziehung, Elternverantwortung, Jugendhilfe* niedergelegt, wir sprechen hier auch von dem Leitmotiv bzw. der Leitprämisse innerhalb der Kinder- und Jugendhilfe.

In Abs. 1 wird das Recht von allen jungen Menschen auf »Förderung der Entwicklung zu einer selbstbestimmten, eigenverantwortlichen und gemeinschaftsfähigen Persönlichkeit« festgelegt. Deutlich wird hier der Fokus auf und die Verpflichtung der Kinder- und Jugendhilfe für zuvorderst alle jungen Menschen.

Abs. 2 betont das elterliche Recht und Pflicht zur Pflege und Erziehung ihrer Kinder (entsprechend Art. 6 Abs. 2 Grundgesetz GG): »Pflege und Erziehung der Kinder sind das natürliche Recht der Eltern und die zuvörderst ihnen obliegende Pflicht. Über ihre Betätigung wacht die staatliche Gemeinschaft.« Der Staat kann und muss allerdings in das Elternrecht eingreifen, wenn dies im Rahmen des staatlichen Wächteramtes zum Schutz vor Gefahren notwendig ist.

In Abs. 3 werden die Ziele der Kinder- und Jugendhilfe aufgeführt und machen den breiten und umfassenden Auftragscharakter der Kinder- und Jugendhilfe deutlich. Die Ziele der KJH lauten:

1. junge Menschen in ihrer individuellen und sozialen Entwicklung fördern und dazu beitragen, Benachteiligungen zu vermeiden oder abzubauen,
2. jungen Menschen ermöglichen oder erleichtern, entsprechend ihrem Alter und ihrer individuellen Fähigkeiten in allen sie betreffenden Lebensbereichen selbstbestimmt zu interagieren und damit gleichberechtigt am Leben in der Gesellschaft teilhaben zu können,
3. Eltern und andere Erziehungsberechtigte bei der Erziehung beraten und unterstützen,
4. Kinder und Jugendliche vor Gefahren für ihr Wohl schützen,
5. dazu beitragen, positive Lebensbedingungen für junge Menschen und ihre Familien sowie eine kinder- und familienfreundliche Umwelt zu erhalten oder zu schaffen.

Generell ist hierbei sicherzustellen, dass die Kinder- und Jugendhilfe nach § 3 Abs. 1 SGB VIII »durch die Vielfalt von Trägern unterschiedlicher Wertorientierungen und die Vielfalt von Inhalten, Methoden und Angeboten« gekennzeichnet ist. Dies begründet sich auch durch die grundlegenden Prämissen zur Berücksichtigung der »besonderen sozialen und kulturellen Bedürfnisse und Eigenarten junger Menschen und ihrer Familien« gemäß § 9 Nr. 2 SGB VIII, die Berücksichtigung der »unterschiedlichen Lebenslagen von Mädchen, Jungen sowie transidenten, nichtbinären und intergeschlechtlichen jungen Menschen« gemäß § 9 Nr. 3 SGB VIII und dem Auftrag, die »gleichberechtigte Teilhabe von jungen Menschen mit und ohne Behinderung umzusetzen und vorhandene Barrieren abzubauen« (§ 9 Nr. 4 SGB VIII). In Anbetracht dieses Pluralitätsgebotes soll sichergestellt sein, dass die Kinder- und Jugendhilfe bedarfsgerechte, lebensweltorientierte und die Vielfalt anerkennende

Leistungen und Hilfen anbietet. Es besteht zusammengefasst somit ein umfassender und in Teilen auch ambivalenter Auftrag sowohl zur Förderung der Erziehung, Teilhabe und Bildung als auch zur Sicherstellung auf Probleme hin orientierter Hilfen und dem Schutzauftrag im Rahmen des staatlichen Wächteramtes (vertiefend zum Schutzauftrag von Fachkräften der Kinder- und Jugendhilfe und zum Wächteramt nach § 8a SGB VIII ▶ Kap. 2.1.3, ▶ Kap. 2.2.1 und ▶ Kap. 4.4).

Partizipationsrechte von Kindern und Jugendlichen und ihren Erziehungs- und Personensorgeberechtigten

Die Beteiligung von Kindern, Jugendlichen und Erziehungs- bzw. Personensorgeberechtigten ist ein wichtiges Handlungsprinzip in der Kinder- und Jugendhilfe (siehe u. a. Peyerl & Züchner 2022). Die Adressat*innen als Leistungsberechtigte bzw. Leistungsempfänger*innen besitzen einen Subjektstatus mit hohem fachlichem Stellenwert: Ohne die Beteiligung lässt sich der notwendige Unterstützungsbedarf und die geeignete Hilfeform nur unvollkommen feststellen und die Bereitschaft zur Mitwirkung an und Annahme der Hilfe nur marginal absichern. Somit ist die Mitwirkung der Adressat*innen sehr wichtig für den Erfolg einer Hilfeleistung, sofern – und hier ist die einzige Einschränkung – hierdurch nicht das Wohl des Kindes eingeschränkt oder gefährdet werden wird.

Die Beteiligung der Erziehungs- bzw. Personensorgeberechtigten beruht auf der elterlichen Erziehungsverantwortung, geregelt in § 1 Abs. 2 SGB VIII und Art. 6 Abs. 2 GG (siehe auch Nonninger & Meysen 2023, 89).

Das SGB VIII setzt differenzierte Partizipationsrechte von Kindern und Jugendlichen fest: Ganz allgemein lassen sich die Beteiligungsrechte aus §§ 5, 8 und 9 SGB VIII ableiten. Ausdifferenziert und zusammengefasst sind es Rechte der Selbstbestimmung (§§ 1, 5 Abs. 1, 8, 9a, 42 Abs. 1 SGB VIII), Rechte der Partizipation an der Gestaltung der Angebote in Einrichtungen der Kinder- und Jugendhilfe (§§ 4a Abs. 1, 9, 11, 12, 36, 45 SGB VIII) und Rechte an der Gestaltung von Kinder- und Jugendhilfe im Gemeinwesen (§§ 4a, 12, 71 Abs. 1, 80 Abs. 1 Nr. 2 SGB VIII) (vgl. IJAB 2023). Zudem ist durch die UN-Kinderrechtskonvention Partizipation als

Grundrecht aller Kinder und Jugendlichen festgeschrieben. Im Folgenden werden wichtige (Beteiligungs-)Rechte im Kontext der ASD-Arbeit hervorgehoben.

Wunsch- und Wahlrecht

Im Rahmen der Inanspruchnahme von Hilfen und Leistungen der KJH haben laut §§ 5, 36 Abs. 1 Nr. 3 SGB VIII alle Beteiligten (junge Menschen und Personensorge- bzw. Erziehungsberechtigte) ein Wahlrecht zwischen Einrichtungen und Diensten der verschiedenen Jugendhilfeträger und ein Wunschrecht in Bezug auf die (Aus-)Gestaltung der jeweiligen Hilfe. Grundsätzlich haben die ASD- Mitarbeitenden die Adressat*innen laut § 5 Abs. 1 Satz 2 SGB VIII auf dieses Wunsch- und Wahlrecht umfänglich hinzuweisen. Eingeschränkt wird dieses Recht zur Vermeidung von unverhältnismäßigen Mehrkosten durch § 5 Abs. 2 Nr. 1 SGB VIII. Diese Verhältnismäßigkeit muss immer im Einzelfall bestimmt werden.

Umfassende Beratungsrechte von Kindern, Jugendlichen und Personensorge- und Erziehungsberechtigten

Gemäß § 10a SGB VIII haben Adressat*innen einen Anspruch auf eine differenzierte Beratung vor Inanspruchnahme einer Hilfe zu dem grundsätzlichen Angebotskatalog der Kinder- und Jugendhilfe, den Zugängen zu Hilfen, den Verwaltungs- und Verfahrensabläufen, zu den Anbietern der unterschiedlichen Hilfen und Unterstützungsleistungen sowie zu spezifischen sozialräumlichen Angeboten. Auch § 16 Abs. 2 Nr. 2 SGB VIII sieht eine sogenannte formlose Beratung durch den ASD vor. Diesen Rechtsanspruch haben gemäß § 10a SGB VIII »junge Menschen, Mütter, Väter, Personensorge- und Erziehungsberechtigte [...] in einer für sie verständlichen, nachvollziehbaren und wahrnehmbaren Form, auf ihren Wunsch auch im Beisein einer Person ihres Vertrauens«.

Darüber hinaus hat der ASD den Rechtsanspruch auf Beratung von Kindern und Jugendlichen gemäß § 8 SGB VIII sicherzustellen. Kinder und Jugendliche sind entsprechend ihres Entwicklungsstandes an allen sie betreffenden Entscheidungen zu beteiligen und müssen in geeigneter

Weise auf ihre eigenen Rechte hingewiesen werden (§ 8 Abs. 1 SGB VIII). Kinder und Jugendliche haben ferner das Recht, sich in allen Angelegenheiten der Erziehung und Entwicklung von sich aus an das Jugendamt zu wenden (§ 8 Abs. 2 SGB VIII) – dies auch ohne die Kenntnis der Eltern, Personensorge- oder Erziehungsberechtigten. Sie erhalten eine Beratung ohne den Einbezug der Eltern vor allem, wenn hierdurch der Beratungszweck vereitelt werden würde (§ 8 Abs. 3 SGB VIII).

Mit der Gesetzesnovellierung im Jahr 2021 im Rahmen des Kinder- und Jugendstärkungsgesetzes (KJSG) haben nach § 10b Abs. 1 SGB VIII

> »junge Menschen, die Leistungen der Eingliederungshilfe wegen einer Behinderung oder wegen einer drohenden Behinderung geltend machen oder bei denen solche Leistungsansprüche in Betracht kommen, bei der Antragstellung, Verfolgung und Wahrnehmung dieser Leistungen Anspruch auf Unterstützung und Begleitung durch einen Verfahrenslotsen«.

Gleiches gilt für Mütter, Väter, Personensorge- und Erziehungsberechtigte der jungen Menschen. Zudem unterstützt der Verfahrenslotse den öffentlichen Träger bei der Justierung und Zusammenführung der Leistungen der Eingliederungshilfe (§ 10b Abs. 2 SGB VIII). Dem Verfahrenslotsen wird damit eine Doppelfunktion zugewiesen: Er soll einerseits junge Menschen und ihre Familien im Hinblick auf Leistungen der Eingliederungshilfe durch das Verfahren »lotsen« (Abs. 1) und andererseits das Jugendamt bei der Zusammenführung der Leistungen der Eingliederungshilfe für junge Menschen (im Sinne der »inklusiven Lösung«) unterstützen (Abs. 2). Diese gesetzliche Regelung ist erst einmal bis zum 21.12.2027 befristet, da eine umfassende Zuständigkeit der Kinder- und Jugendhilfe für *alle* Kinder und Jugendlichen mit und ohne Behinderungen ab 2028 bestehen soll, wenn dies zuvor (bis Ende 2027) ein Bundesgesetz im Einzelnen regelt (dritte Stufe der Gesetzesnovellierung im Sinne einer inklusiven Kinder- und Jugendhilfe).

Einen besonderen Stellenwert hat die Möglichkeit für junge Menschen, sich unabhängig Informationen, Beratung und Vermittlung in Konflikten mit öffentlichen oder freien Trägern bei sogenannten Ombudsstellen der Kinder- und Jugendhilfe einzuholen. Sie sind im § 9a SGB VIII fest verankert. Hierdurch sollen die Rechte junger Menschen im Kontext der Leistungen und Hilfen im Rahmen der KJH gesichert werden und zu einem Ausgleich im Rahmen der vorhandenen Machtasymmetrien beitragen (siehe u. a. Forum Erziehungshilfen 2020; Len et al. 2022).

2.1.2 Leistungen der Kinder- und Jugendhilfe

Die sogenannten Leistungen der Kinder- und Jugendhilfe werden laut § 3 Abs. 2 »von Trägern der freien Jugendhilfe und von Trägern der öffentlichen Jugendhilfe erbracht« und bilden den Schwerpunkt der Kinder- und Jugendhilfe. Der Leistungskatalog wird in den §§ 11 bis 41a SGB VIII aufgeführt. Sie stellen auch gleichzeitig ein »ausdifferenziertes Versorgungssystem im Sinne der Prävention und Intervention zur Verfügung« (Rätz, Schröer & Wolf 2014, 73) und bilden eine Art Infrastruktur der Regelversorgung ab.

Die Leistungen der Abschnitte 1 und 2 haben zuvorderst die Förderung und Unterstützung im Fokus. Die einzelnen Hilfeformen und -arrangements zielen auf direkte Unterstützung und Förderung der Kinder und Jugendlichen ab oder bieten Eltern, Personensorge- und Erziehungsberechtigten Unterstützung und Förderung bei der Erziehung und Pflege ihrer Kinder zum Zwecke einer besseren Wahrnehmung ihrer Erziehungsverantwortung und -fähigkeit. Auf diese Leistungen besteht kein einklagbarer individueller Rechtsanspruch, hier ist der öffentliche Träger in der infrastrukturellen Gewährleistungspflicht, d. h., die Angebote müssen als solche vorgehalten werden.

Die Leistungen der Abschnitte 3 und 4 sind Pflichtaufgaben der öffentlichen Kinder- und Jugendhilfe und beinhalten einen individuellen Rechtsanspruch. In Bezug auf KiTas und Kindertagespflege (Abschnitt 3) haben Kinder ab dem vollendeten ersten Lebensjahr einen eigenen individuellen Rechtsanspruch auf einen Platz in einer entsprechenden Einrichtung. Zentrale Aufgaben der Tagesangebote sind Bildung (Fähigkeiten und Fertigkeiten erlernen), Erziehung (Normen, Werte und soziale Kompetenzen) und Betreuung (Aufsicht und Versorgung).

In Bezug auf die Hilfen zur Erziehung (HzE) liegt ein individueller Rechtsanspruch nach Feststellung des Vorhandenseins eines erzieherischen Bedarfes vor. Anspruchsinhaber sind bei allen HzE die Erziehungs- oder Personensorgeberechtigten, bei Eintritt in die Volljährigkeit haben

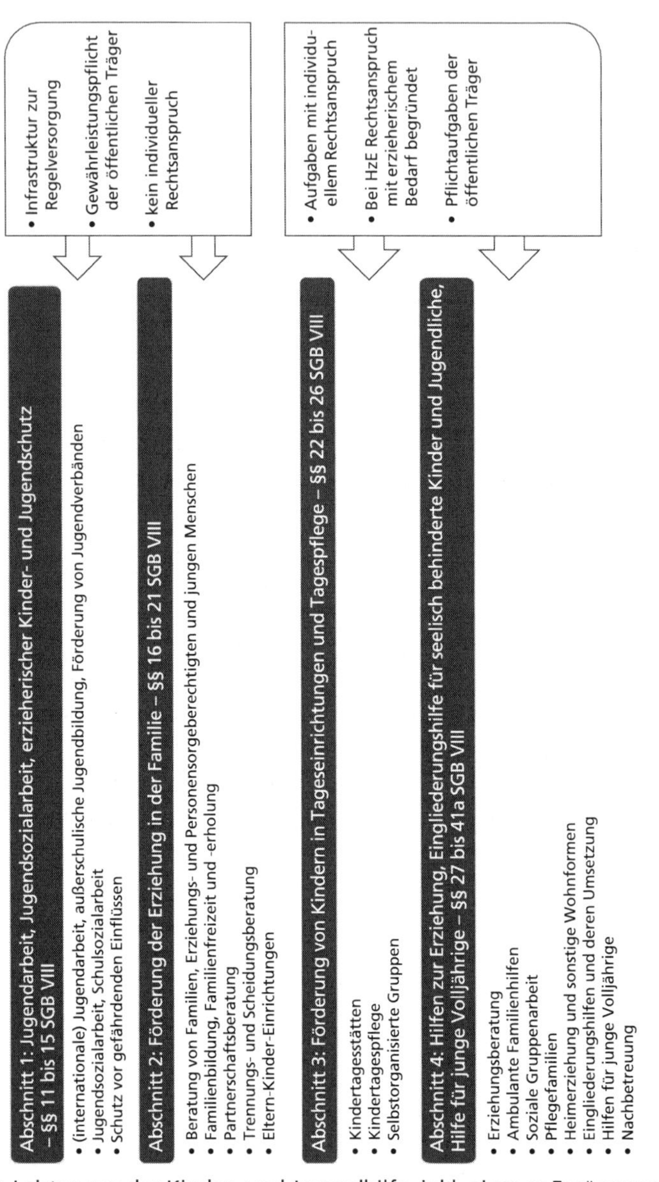

Abb. 8: Leistungen der Kinder- und Jugendhilfe, inkl. eigener Ergänzungen

dann die jungen Menschen einen eigenen Rechtsanspruch gemäß § 41 SGB VIII auf HzE (Fortführung der Hilfe oder Installierung einer neuen Hilfe). Grundsätzlich sind die HzE für Kinder, Jugendliche und Familien in Problemkonstellationen konzipiert. Im Fokus stehen Situationen, in denen Eltern ihr Kind bzw. ihre Kinder nicht angemessen ohne Hilfen begleiten, unterstützen und/oder erziehen können. Dies bedeutet, dass hier Abweichungen gegenüber dem gesellschaftlichen *Normalfall* identifiziert werden. Grundlegende allgemeine Ziele der HzE sind die Unterstützung der Familie mit den Zielen, die Erziehungsfähigkeit herzustellen, das Kind/den Jugendlichen/den jungen Volljährigen zu unterstützen und ggf. zeitweilig oder auf Dauer einen Lebensort außerhalb der Herkunftsfamilie bereitzustellen. Entscheidend ist hier die Feststellung eines vorhandenen Hilfebedarfes in jedem Einzelfall. Die Anspruchsvoraussetzung wird im Rahmen eines sozialpädagogischen Diagnoseprozesses erfasst und im Rahmen eines Verwaltungsverfahrens nach § 36 SGB VIII (Hilfeplanung) gemeinsam mit den Adressat*innen gestaltet. Hilfeplanung im Kontext der HzE gilt als Schlüsselprozess und ist neben dem formellen Verwaltungsakt vorrangig ein sozialpädagogischer Aushandlungs- und Entscheidungsprozess zwischen der ASD-Fachkraft und den Adressat*innen unter Einbezug freier Träger (Leistungserbringer) (Hilfeplanung ▶ Kap. 4.3; siehe u. a. auch Rätz, Schröer & Wolf 2014).

Grundsätzlich lassen sich die Leistungen je nach Intensität der Hilfe und Unterstützung und Angebotsform in familien*unterstützende* Leistungen (§§ 16 bis 21 SGB VIII), familien*ergänzende* Leistungen (§§ 22 bis 26, 11 bis 15, 19, 27 bis 32 SGB VIII) und familien*ersetzende* Leistungen (§§ 33 bis 35a, 41 SGB VIII) unterteilen. Die HzE lassen sich darüber hinaus auch in ambulante/teilstationäre Hilfen (§§ 28, 29, 30, 31 und 32 SGB VIII), stationäre Hilfen (§§ 19, 33, 34 und 35 SGB VIII) oder flexible Angebote ausdifferenzieren. Es ist auch eine Kombination verschiedener Hilfeformen aufgrund des jeweilig festgestellten Bedarfes möglich (§ 27 Abs. 2 Satz 3 SGB VIII). In Bezug auf die familienunterstützenden und -ergänzenden HzE kann eine methodische Ausdifferenzierung herangezogen werden: *familienorientierte Hilfen* (§§ 28 und 31 SGB VIII) mit der Zielsetzung der Stärkung oder Wiederherstellung der Erziehungsfähigkeit in der Familie, *einzelfallorientierte Hilfen* (§ 30 SGB VIII) und *gruppenorientierte Hilfen* (§§ 29 und 32 SGB VIII) mit dem Ziel der Ergänzung zur

Stärkung der Erziehungsfähigkeit in der Familie (Tagesgruppe). Auch bei den familienersetzenden Hilfen können diese Differenzierungskategorien herangezogen werden.

Als ASD- Mitarbeitende muss man diese Leistungen (▶ Abb. 8) kennen, sie entsprechend einer lebensweltorientierten, sozialraumorientierten und bedarfsgerechten Hilfegestaltung einbeziehen oder sie tatsächlich im Rahmen der Hilfeplanung nach § 36 SGB VIII gewähren (Hilfeplanung ▶ Kap. 4.3). Grundsätzlich hat der ASD eine umfassende Zuständigkeit für alle (psycho-)sozialen Problemlagen (soziale Probleme und Problemlagen ▶ Kap. 3.1). Er ist der »zentrale Dienst für Familien in Krisen und verantwortet die Planung und Kontrolle von Hilfeprozessen« (AGJ 2010). Aus den Leistungen der KJH sind demnach primär folgende Aufgaben als *Kernaufgaben* für den ASD anzusehen (siehe auch Nonninger & Meysen 2023):

- formlose Beratung in allgemeinen Fragen der Erziehung und Entwicklung junger Menschen (§ 16 Abs. 2 Nr. 2 SGB VIII), Beratung zu einer möglichen Leistungsberechtigung (§ 10 a SGB VIII) und Beratung Minderjähriger (§ 8 Abs. 2 und 3 SGB VIII)
- Beratung und Unterstützung im Zusammenhang mit Partnerschaftskonflikten, Trennung und Scheidung (§§ 17, 18 Abs. 3 SGB VIII)
- Gewährung von Leistungen nach dem SGB VIII
  1. Mutter /Vater-Kind-Einrichtungen und andere individualisierbare Leistungen (§§ 19, 20, 21 SGB VIII)
  2. Hilfe zur Erziehung (§ 27 ff. SGB VIII)
  3. Eingliederungshilfe (§ 35a SGB VIII)
  4. Hilfe bzw. Nachbetreuung für junge Volljährige (§ 41, 41a SGB VIII)
  5. Annexleistung (§§ 39 und 40 SGB VIII)
- Hilfeplanung (§ 36 bis 37c SGB VIII)
- Elternarbeit bei Unterbringung der Kinder und Jugendlichen (§ 37 Abs.1 SGB VIII)

2.1.3 Andere Aufgaben der Kinder- und Jugendhilfe

Die sogenannten anderen Aufgaben der Kinder- und Jugendhilfe sind insbesondere von den öffentlichen Trägern zu erfüllen, sie haben einen sogenannten hoheitlichen Charakter. Hoheitlich auch deswegen, weil keine Dispositionsbefugnis des vom Eingriff Betroffenen (z. B. Eltern/Personensorgeberechtigte im Rahmen einer Inobhutnahme des Kindes) besteht, d. h., die Maßnahmen sind auch gegen seinen Willen zulässig. Die Ausführung der anderen Aufgaben kann von Trägern der öffentlichen Kinder- und Jugendhilfe unter bestimmten Bedingungen (siehe § 76 SGB VIII) auf anerkannte Träger der freien Jugendhilfe übertragen werden.

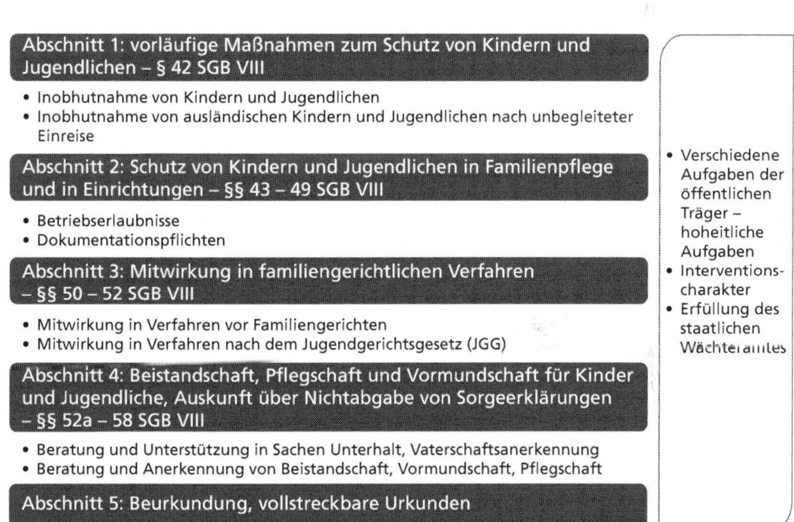

Abb. 9: Andere Aufgaben der Kinder- und Jugendhilfe

Es handelt sich zusammengefasst primär um ein breites Spektrum sehr unterschiedlicher Aufgaben (vgl. Wiesner & Wapler 2022). Die hoheitlichen Aufgaben umfassen insbesondere mit Fokus auf das Handlungsfeld ASD folgende *Kernaufgaben* (siehe auch Nonninger & Meysen 2023):

- Inobhutnahme von Kindern und Jugendlichen (§ 42 SGB VIII)
- Vorläufige Inobhutnahme von ausländischen Kindern und Jugendlichen nach unbegleiteter Einreise (§ 42a SGB VIII), Altersfeststellung (§ 42f. SGB VIII)
- Mitwirkung in Verfahren vor den Familiengerichten (§ 50 SGB VIII)
- Wahrnehmung des Schutzauftrages bei Kindeswohlgefährdung (§ 8a SGB VIII).

Inobhutnahme

Laut § 42 SGB VIII ist der öffentliche Träger berechtigt und verpflichtet, Minderjährige in Obhut zu nehmen, wenn ein Kind oder Jugendliche*r um Inobhutnahme bittet, eine dringende Kindeswohlgefährdung vorliegt oder ein ausländisches Kind oder ausländische Jugendliche unbegleitet nach Deutschland einreisen (zu den Begriffen Kindeswohl und Kindeswohlgefährdung ▶ Kap. 4.4.2). Die Inobhutnahme gilt als »die Maßnahme mit der höchsten Eingriffsintensität in die Autonomie einer Familie« (Nonninger & Meysen 2023, 100) und damit auch in die Elternrechte. Grundlage für die Eingriffsmöglichkeit ist das staatliche Wächteramt nach Art. 6 Abs. 2 Satz 2 GG und § 8a SGB VIII. Nach § 76 Abs. 1 SGB VIII kann der öffentliche Träger den hoheitlichen Akt der Inobhutnahme zwar nicht delegieren, aber anerkannte Träger der freien Jugendhilfe an der Durchführung von Inobhutnahmen (z. B. freier Träger als Anbieter einer Inobhutnahmestelle oder von Bereitschaftspflegestellen) beteiligen. Der ASD ist in der Pflicht, jederzeit eine Inobhutnahme zu gewährleisten. Hierfür werden Rufbereitschaften durch den ASD (in Kooperation mit Polizei, Familiengerichten und freien Träger) das gesamte Jahr sichergestellt.

Nach § 42 Abs. 1 Satz 2 SGB VIII ist eine Inobhutnahme eine vorläufige Unterbringung bei einer Pflegeperson, in einer geeigneten Einrichtung (Inobhutnahmestelle) oder in einer sonstigen Wohnform und dient zur Beruhigung, Krisenklärung und der schnellstmöglichen Erarbeitung einer Perspektive mit den Eltern, Personensorge- oder Erziehungsberechtigten und dem/den inobhutgenommenen Kind(ern) oder Jugendlichen.

Soll die Inobhutnahme wegen dringender Kindeswohlgefährdung erfolgen, so sind bei der Inobhutnahme unverzüglich die Personensorgeberechtigten zu informieren und ihr Einverständnis einzuholen (§ 42 Abs. 1 Satz 1 Nr. 2a SGB VIII). Wenn dies nicht rechtzeitig möglich ist (z.B. durch akuten Handlungsdruck, Eltern nicht erreichbar) oder aber die Personensorgeberechtigten nicht bereit und/oder in der Lage sind, Gefahren vom Kind, von den Kindern und Jugendlichen abzuwenden, muss das Jugendamt dennoch eine Inobhutnahme durchführen (§ 42 Abs. 1 Nr. 1b SGB VIII). Sollten die Personensorge- oder Erziehungsberechtigten noch nicht informiert sein, so hat das Jugendamt diese unverzüglich von der Inobhutnahme zu unterrichten, sie in einer verständlichen, nachvollziehbaren und wahrnehmbaren Form umfassend über diese Maßnahme aufzuklären und mit ihnen das Gefährdungsrisiko abzuschätzen (§ 42 Abs. 3 Satz 1 SGB VIII). Erst wenn die Personensorge- oder Erziehungsberechtigten der Inobhutnahme widersprechen und das Jugendamt die Inobhutnahme aufrechterhalten möchte, muss gemäß § 42 Abs. 3 Nr. 2 SGB VIII unverzüglich der ASD das Familiengericht anrufen, um eine kindeswohlschützende familiengerichtliche Entscheidung gemäß §§ 1666, 1666a BGB (z.B. durch Einschränkung oder Entzug des Elternrechts) herbeizuführen. Kinder und Jugendliche, die ohne Eltern nach Deutschland fliehen oder einreisen (ausländische Minderjährige nach unbegleiteter Einreise), müssen vom Jugendamt vorläufig in Obhut genommen werden (vorgeschaltetes Verfahren der vorläufigen Inobhutnahme nach § 42a–f SGB VIII). Im Rahmen der Inobhutnahme gemäß § 42a SGB VIII wird eine Altersfeststellung nach § 42f SGB VIII vorgenommen, geprüft, ob Verwandte sich in der Bundesrepublik aufhalten, ggf. die Anordnung der Vormundschaft veranlasst und es wird gemeinsam mit dem jungen Menschen ermittelt, welche pädagogische Unterstützung benötigt wird und wo die Unterbringung erfolgen soll.

Mitwirkung im familiengerichtlichen Verfahren nach § 50 SGB VIII

Eine Mitwirkung im familiengerichtlichen Verfahren wird in § 50 SGB VIII geregelt, hier geht es primär um die Unterstützung des Familiengerichtes durch die Fachbehörde Jugendamt in Bezug auf »alle Maßnahmen, die die Sorge für die Person von Kindern und Jugendlichen betreffen«. Fachbehörde bedeutet, dass das Jugendamt, ergo primär die

ASD- Mitarbeitenden, in eigener Fachverantwortung und auf Grundlage ihres Hilfe- und Schutzauftrags, wie in §§ 1 Abs. 1 und 3 SGB VIII als Kernnorm fest verankert, im Verfahren mitwirken und dazu beitragen, dass das Kind und dessen Entwicklungsmöglichkeiten im Verfahrensmittelpunkt stehen. Hierdurch werden die ASD-Fachkräfte als Expert*-innen in Sachen der kindlichen Entwicklung, des Kinderschutzes und in allen weiteren Fragen zu Erziehung, Bildung und Betreuung in das Verfahrens einbezogen (siehe auch Balloff & Proksch 2021). Im familiengerichtlichen Verfahren fungieren sie primär als eigenständige Expert*innen und sind gegenüber dem Familiengericht »weder weisungsgebunden noch in einer dienenden Rolle im Sinne einer »Familiengerichtshilfe« (Meysen & Eschelbach 2023, 523). Darüber hinaus steht die Mitwirkung im familiengerichtlichen Verfahren unter der Prämisse, Hilfeangebote und Unterstützungsleistungen für die Beteiligten in der Familie sowohl vor, während als auch nach dem familiengerichtlichen Verfahren zu verdeutlichen und »nach Möglichkeit die Türen für den zukünftigen Hilfeprozess – zumindest einen Spalt weit – offen zu halten« (Meysen & Eschelbach 2023, 530; siehe auch Meysen & Nonninger 2023, 130). Die familiengerichtlichen Verfahren, bei denen das Jugendamt als Fachbehörde einbezogen ist bzw. eigenständig das Familiengericht anruft, können sich auf unterschiedliche Verfahrensgegenstände beziehen (▶ Kap. 2.2).

Wahrnehmung des Schutzauftrags bei Kindeswohlgefährdung

Die Kinder- und Jugendhilfe hat einen umfassenden Auftrag im Rahmen des Kinderschutzes (Kinderschutz ▶ Kap. 4.4). Demnach sind alle Hilfen, Angebote und Unterstützungsleistungen darauf auszurichten, Gefährdungen für Kinder und Jugendliche nicht entstehen zu lassen (breites infrastrukturelles und inhaltliches Verständnis von Kinderschutz) und sie rechtzeitig abzuwenden (enges Verständnis von individuellem Kinderschutz) (vgl. IJAB 2023). Alle Dienste, Einrichtungen und Fachkräfte der Kinder- und Jugendhilfe und spezielle darüber hinaus genannte Berufs- und Personengruppen (siehe § 4 KKG Beratung und Übermittlung von

Informationen durch Geheimnisträger bei Kindeswohlgefährdung) sind dem Schutzauftrag verpflichtet.

Einzuordnen ist das staatliche Wächteramt in Bezug auf die Elternverantwortung, welche sich aus dem Elternrecht und der Elternpflicht zusammensetzt, d. h., es obliegt allein den Eltern, sich um die Pflege und Erziehung ihres Kindes zu sorgen und dieser auch verpflichtend nachzukommen (Art. 6 Abs. 2 Satz 1 GG). Art. 6 Abs. 2 GG besagt: »Pflege und Erziehung der Kinder sind das natürliche Recht der Eltern und die zuvörderst ihnen obliegende Pflicht. Über ihre Betätigung wacht die staatliche Gemeinschaft.«

Das bedeutet erst einmal,

1. dass die Erziehung und Pflege von Kindern und Jugendlichen die private Angelegenheit der Familie ist, (zunächst einmal) unabhängig davon, über welche sozioökonomischen Mittel sie verfügt oder Kinder durch Entscheidungen der Eltern Nachteile erleiden (siehe OLG Hamm, FamRZ 2004, 1664/56 oder BVerFGe 60,79 <94>), und
2. dass der Staat sich nicht in die Erziehung einmischen, nicht in dieses Recht eingreifen darf; d. h., alle Maßnahmen und Angebote staatlicherseits können grundsätzlich nur mit Einwilligung der Eltern erfolgen.

Gemäß Art. 6 Abs. 2 Satz 2 GG, § 1666 BGB und §§ 1 Abs. 3 und 8a SGB VIII hat aber der Staat die Pflicht, Kinder und Jugendliche vor Gefährdungen für ihr Wohl zu schützen und über die Wahrnehmung der Elternverantwortung zu wachen. Als gefährdet im Sinne von § 1666 Abs. 1 BGB ist das Kindeswohl dann anzusehen, wenn sich bei Fortdauer einer identifizierbaren Gefährdungssituation für das Kind eine erhebliche Schädigung seines körperlichen, geistigen oder seelischen Wohls mit hoher Wahrscheinlichkeit annehmen und begründen lässt. Unter einer Kindeswohlgefährdung verstehen wir demnach »eine gegenwärtige in einem solchen Maße vorhandene Gefahr, dass sich bei der weiteren Entwicklung eine erhebliche Schädigung mit ziemlicher Sicherheit voraussehen lässt« (BGH FamRZ 1956). Das bedeutet, dass Kindeswohlgefährdung nicht direkt beobachtbar ist, sondern im Rahmen beobachtbarer

Indikatoren (im Sinne gewichtiger Anhaltspunkte ▶ Kap. 4.4) erfasst werden muss und demnach als »ein rechtliches und normatives Konstrukt, basierend auf dem Bestehen objektiver, beobachtbarer Fakten und einer Bewertung dieser Fakten hinsichtlich ihres Schädigungspotentials« (Schone 2023b, 288) zu definieren ist.

Ist eine Kindeswohlgefährdung festgestellt, muss der Staat im Sinne des Wächteramtes eingreifen: Der öffentliche Träger hat, ganz konkret der ASD von Amts wegen den Schutzauftrag bzw. das staatliche Wächteramt verantwortlich inne und muss ein Verfahren zum Schutzauftrag nach § 8a SGB VIII federführend einleiten. Zur Vermeidung und ggf. zur Abwendung von Gefahren sind Eltern und Kindern geeignete Hilfen anzubieten. Dort, wo Hilfen zur Gefahrenabwehr von den Eltern nicht angenommen werden (können), hat das Jugendamt zum Schutze der Kinder und Jugendlichen einzugreifen: entweder im Sinn einer Inobhutnahme nach § 42 SGB VIII und/oder unter Einbezug des Familiengerichts (u. a.) zum Eingriff in die elterliche Sorge nach § 8a Abs. 2 Satz 1SGB VIII, § 42 Abs. 3 Satz 2 Nr. 2 SGB VIII in Verbindung mit § 1666 Abs. 1 und Nr. 1 bis 6 (Gerichtliche Maßnahmen bei Gefährdung des Kindeswohls) und § 1666a BGB (Grundsatz der Verhältnismäßigkeit; Vorrang öffentlicher Hilfen).

In Bezug auf die rechtliche Einordnung im SGB VIII sind folgende Kernnormen zur Ausübung des Schutzauftrages/des staatlichen Wächteramtes anzuwenden:

- § 8a SGB VIII Schutzauftrag bei Kindeswohlgefährdung,
- § 8b SGB VIII Fachliche Beratung und Begleitung zum Schutz von Kindern und Jugendlichen,
- § 42 SGB VIII Inobhutnahme von Kindern und Jugendlichen,
- § 50 SGB VIII Mitwirkung in Verfahren vor den Familiengerichten.

In diesem Zusammenhang ist zu betonen, dass diese Regelungen nicht positiv definieren, was Kindeswohl ist, vielmehr erfolgt eine negative Herangehensweise über eine Beeinträchtigung dieses Rechtsguts. Ferner legen diese auch nicht fest, wann eine Gefahr für das Kindeswohl besteht, dieses ist vielmehr im Rahmen einer Kindeswohlgefährdungsfeststellung professionell abzuschätzen. Hierfür sind auf Grundlage dieser Kernnormen notwendige Vorschriften, Verfahrensabläufe und -standards festgelegt, welche im Rahmen der Verfahren zum Schutzauftrag bei Kindeswohlgefährdung Anwendung finden müssen (ausführlich zum Verfahren ► Kap. 4.4).

2.2 Familienrecht (FamFG)

Die Mitwirkung im familiengerichtlichen Verfahren ist in Bezug auf primär zwei Verfahren zu unterscheiden: in solche bei möglicher Kindeswohlgefährdung und in jene bei Trennung und/oder Scheidung von Eltern mit minderjährigen Kindern. Grundsätzlich ist hervorzuheben, dass das Verfahrensrecht vorsieht, dass in familiengerichtlichen Verfahren, neben Anhörung und Beteiligung des Jugendamtes gemäß § 162 FamFG, die Verpflichtung des Gerichtes besteht,

- Kinder und Jugendliche anzuhören (§ 159 FamFG Persönliche Anhörung des Kindes; zumeist im Beisein eines Verfahrensbeistandes),
- die Eltern zu beteiligen (§ 160 FamFG Anhörung der Eltern); liegt das Sorgerecht nicht mehr bei den Eltern, sind zusätzlich die Inhaber des Sorgerechts oder von Sorgerechtsstellen (Vormund oder Ergänzungspfleger) zu beteiligen,
- Pflegepersonen ebenfalls anzuhören und u. U. auch förmlich an dem Verfahren zu beteiligen, wenn das Kind schon seit längerer Zeit in Familienpflege lebt (§ 161 FamFG).

Ferner besteht in familiengerichtlichen Verfahren für das Gericht

- gemäß § 155 FamFG ein Vorrang- und Beschleunigungsgebot,
- gemäß § 157 FamFG die Möglichkeit einer frühzeitigen Erörterung der Kindeswohlgefährdung im Gericht und
- gemäß § 158 FamFG die Möglichkeit, Verfahrensbeistände für die betroffenen Kinder und Jugendlichen einzusetzen (siehe u. a. Balloff & Proksch 2021).

Der ASD handelt hier immer im Kontext der Wahrung und (Wieder-) Herstellung der (Schutz-)Rechte der betroffenen Kinder und Jugendlichen. Darüber hinaus ist es wichtig zu betonen, dass jegliches Vorgehen des ASD – sofern es nicht den Schutz und das Wohl des Kindes oder Jugendlichen gefährdet – in Zusammenarbeit mit den Eltern, Elternteilen, Personensorge- oder Erziehungsberechtigten und den Kindern und Jugendlichen selbst zu erörtern ist (größtmögliche Transparenz).

2.2.1 Anrufung des Familiengerichts bei Kindeswohlgefährdung nach § 8a Abs. 2 und § 42 Abs. 3 SGB VIII

Im Kontext der Arbeit mit den Kindern, Jugendlichen und Familien kann durch das Jugendamt eine Kindeswohlgefährdung festgestellt werden. In diesen Fällen wird in allererster Instanz versucht, sozialpädagogische Hilfen und Unterstützungsleistungen anzubieten. Wenn es nicht gelingt, z. B. durch fehlende Mitwirkungsbereitschaft oder durch Einschränkungen bei der Erziehungsfähigkeit der Eltern und der sonstigen Personensorge- oder Erziehungsberechtigten, die bestehenden Gefahren abzuwenden, schaltet das Jugendamt, der ASD, das Familiengericht im Rahmen von § 8a SGB VIII in Verbindung mit §§ 1666, 1666a BGB ein. Da das Jugendamt nicht befugt ist, selbst in das Elternrecht einzugreifen, um das Kind oder den Jugendlichen vor weiteren Gefährdungen zu schützen, *muss* die Entscheidung zum Eingriff in die elterliche Sorge durch das Familiengericht erfolgen. Der ASD wirkt folglich im familiengerichtlichen Verfahren primär durch das Einbringen seiner sozialpädagogisch-fachlichen Expertise mit: Er übernimmt im Rahmen der Anhörung vor Gericht und der von ihm verantworteten gutachtlichen Stellungnahme (► Kap. 4.5) die Erläuterung der Sachverhalte, die Beurteilung und Bewertung der Situation und die Formulierung von Empfehlungen zu Interventionen und notwendigen und geeigneten Unterstützungsleistungen/Hilfearrangements (Hilfen zur Abwendung einer Kindeswohlgefährdung, Leistungsangebote im Rahmen der Unterstützung der (Wieder-)Herstellung der Erziehungsfähigkeit der Eltern bis hin zu Entzug der elterlichen Sorge als Ultima Ratio). Das Familiengericht beschließt in der

Regel auf dieser Grundlage, u. U. auch unter Einbezug weiterer Gutachten, kindeswohlschützende Maßnahmen gemäß § 1666 Abs. 3 Nr. 1–6 BGB. Diese Maßnahmen können Gebote (Nr. 1 und 2), Verbote (Nr. 3 und 4) oder ein Eingriff in das Sorgerecht sein (Nr. 5 und 6).

2.2.2 Mitwirkung in Verfahren vor dem Familiengericht bei Trennung oder Scheidung von Eltern minderjähriger Kinder (50 SGB VIII)

Wenn eine Trennung/oder Scheidung von Eltern mit minderjährigen Kindern strittig verläuft, d. h., es werden die Konflikte um das Sorge- oder Umgangsrecht vor Gericht ausgetragen, hat gemäß § 162 FamFG das Familiengericht das Jugendamt anzuhören. Oberstes Ziel des Familiengerichts in Zusammenarbeit mit dem Jugendamt ist die Förderung einvernehmlicher Lösungen bei den elterlichen Konflikten (§ 156 FamFG Hinwirken auf Einvernehmen). Hierbei steht das Jugendamt den Eltern helfend zur Seite, die ASD- Mitarbeitenden wirken z. B. auf die Inanspruchnahme von Beratungs- und Hilfeleistungen gemäß §§ 17 und 18 SGB VIII hin, um sie bei der Erarbeitung eigenständiger Lösungen in Sachen Sorge und Umgang zu unterstützen. Wenn allerdings die Eltern nicht in der Lage oder gewillt sind, Lösungen einvernehmlich herzustellen, können Beratungen durch Beratungsstellen oder auch die Teilnahme an Informationsgesprächen zur Mediation zwischenzeitlich familiengerichtlich gemäß § 156 Abs. 1 FamFG angeordnet werden. Das Jugendamt unterrichtet in der Anhörung und per gutachtlicher Stellungnahme im Verfahren das Familiengericht über die erbrachten Leistungen, die (Beratungs-)Ergebnisse und sozialpädagogisch-fachlichen Einschätzungen incl. Empfehlungen/Vorschläge für etwaig notwendige Interventionen und Entscheidungen des Familiengerichtes. Das Familiengericht trifft auch hier in der Regel auf dieser Grundlage, u. U. auch unter Einbezug weiterer Gutachten, einen rechtskräftigen Beschluss in Bezug auf die Sorgerechtsregelung ggf. mit Auflagen gegenüber den Eltern (siehe auch Meysen & Nonninger 2023).

2.3 Grundgesetz (GG) und Bürgerliches Gesetzbuch (BGB)

Die Verantwortung für die Erziehung von Kindern und Jugendlichen obliegt gemäß Art. 6 Abs. 2 GG den Eltern und ihren individuellen Vorstellungen von Erziehung und Pflege (Erziehungsautonomie). Im Rahmen des staatlichen Wächteramtes übernimmt allerdings der Staat die Überprüfung, ob die Erziehung und Pflege im Rahmen der Wahrung des Kindeswohls erfüllt werden. Dementsprechend wird hier beim Elternrecht auch von einem fremdnützigen Grundrecht gesprochen, da es dem Wohl des Kindes dient und ihm auch untergeordnet ist.

Kinder gelten laut Bundesverfassungsgericht (BVerfGE 24, 199 ff.) als Grundrechtsträger*innen im Sinne des GG (Wapler 2015), dessen Geltung auch für die Kinder- und Jugendhilfe grundlegend ist. Explizite Kinderrechte sind (noch) nicht in das GG aufgenommen worden. Sowohl im GG als auch im BGB sind Rechte aufgeführt, die auf die Förderung und Gewährleistung der Erziehung, Pflege und Bildung von Kindern und Jugendlichen abzielen. Zu nennen sind hier zuvorderst: Art. 1 Abs. 1 GG Recht auf den Schutz der Menschenwürde, Art. 2. Abs. 1 GG Recht auf freie Entfaltung der Persönlichkeit, Art. 2 Abs. 2 GG Recht auf körperliche Unversehrtheit, § 1631 BGB Recht auf gewaltfreie Erziehung, § 1626 BGB Recht auf altersangemessene Beteiligung an relevanten Entscheidungen.

2.4 Weitere Rechtsnormen

Darüber hinaus gibt es weitere Bundesgesetze und Rechtsquellen, zu denen je nach Handlungsfeld und Fallspezifikum Berührungspunkte in der Arbeit mit Kindern, Jugendlichen und Familien bestehen bzw. die das Fallgeschehen beeinflussen können. Entsprechende Lebenslagen und

-umstände von Adressat*innen können sein, dass z. B. Eltern(teile) erkrankt sind, eine Behinderung haben oder Familien Leistungen der Grundsicherung (Bürgergeld) erhalten. Hierdurch bilden sich Schnittstellen zu ebendiesen Rechtsnormen und den jeweiligen Unterstützungssystemen (z. B. ArGe, Sozialamt, Krankenkassen und Rehabilitationsträger). Diese Schnittstellen können an dieser Stelle nicht umfassend diskutiert, sondern nur kurz aufgeführt werden:

- Spezielle Bundesgesetze mit Bezug zu Kindern, Jugendlichen und Familien, insbesondere das Jugendgerichtsgesetz (JGG), Jugendschutzgesetz (JuSchG), das Adoptionsvermittlungsgesetz (AdVermiG), das Unterhaltsvorschussgesetz (UVG) und das Gesetz zur Information und Kooperation im Kinderschutz (KKG),
- Sozialhilfe (SGB XII) und Bürgergeld (SGB II),
- Gesetzliche Krankenversicherung (SGB V),
- Rehabilitation und Teilhabe behinderter Menschen (SGB IX) und
- Allgemeine Vorschriften zur Gewährung von Sozialleistungen (SGB I), Sozialverfahrensrecht und Datenschutz (SGB X).

Landesrechtliche Regelungen, die die Bundesgesetze für das jeweilige Bundesland spezifizieren bzw. als Ausführungsgesetze zum SGB VIII angelegt sind, sind z. B. die KiTa- und Jugendförderungsgesetze der Länder. Internationale Fürsorgeabkommen, wie z. B. das Haager Minderjährigenschutzabkommen oder die UN-Kinderrechtskonvention, die im Rang eines Bundesgesetzes steht und daher als eine rechtlich verbindliche Grundlage der Kinder- und Jugendhilfe anzusehen ist.

Auf den Punkt gebracht

Die Arbeit im ASD wird maßgeblich durch rechtliche Grundlagen und Vorschriften bestimmt, die den Rahmen und die Anforderungen für die Tätigkeiten und Entscheidungen der Fachkräfte definieren. Folgende rechtliche Grundlagen sind besonders relevant:

- Das SGB VIII, auch bekannt als das Kinder- und Jugendhilfegesetz (KJHG), ist das zentrale rechtliche Fundament der Arbeit im ASD. Es regelt die Leistungen und Aufgaben der Kinder- und Jugendhilfe in Deutschland und zielt darauf ab, junge Menschen in ihrer individuellen und sozialen Entwicklung zu fördern, Benachteiligungen zu vermeiden oder abzubauen und Eltern und Erziehungsberechtigte bei der Erziehung zu beraten und zu unterstützen. Zudem legt es einen besonderen Fokus auf den Schutz von Kindern und Jugendlichen vor Gefährdungen ihres Wohls (§ 8a SGB VIII). Im Rahmen des SGB VIII sind Bürger*innen nicht (nur) Begünstigte, sondern Berechtigte in der Jugendhilfe, die sozialpädagogisches Handeln in Anspruch nehmen und den Status von handlungsfähigen Subjekten erhalten. Dies betont den Dienstleistungscharakter des SGB VIII.
- Das FamFG regelt die gerichtlichen Verfahren in Familiensachen, einschließlich Fragen des Sorge- und Umgangsrechtes, Unterhaltsansprüche und Schutzmaßnahmen bei Kindeswohlgefährdung.
- Bestimmte Passagen des Bürgerlichen Gesetzbuches, insbesondere zum Vormundschafts- und Familienrecht, bilden relevante Grundlagen für die Arbeit im ASD. Ferner sind weitere Rechtsnormen, wie z. B. JGG, UVG, AdVermiG und als auch internationale Abkommen und landesrechtliche Regelungen wesentliche Anknüpfungspunkte für die Arbeit im ASD im Jugendamt.

Reflexionsfragen

- Was sind Leistungen und andere Aufgaben der Kinder- und Jugendhilfe? Was zeichnen sie aus?
- Wie beeinflussen die im SGB VIII festgelegten Rechte von Kindern und Jugendlichen auf Förderung ihrer Entwicklung und auf Erziehung zu einer eigenverantwortlichen und gemeinschaftsfähigen Persönlichkeit die Arbeit im ASD?
- Welche Maßnahmen müssen ergriffen werden, um den Schutz vor Gefährdungen des Kindeswohls im Einklang mit § 8a SGB VIII zu gewährleisten?

Weiterführende Literatur

Kunkel, Peter-Christian (2022): Jugendhilferecht. Systematische Darstellung für Studium und Praxis. 10. Auflage. Baden-Baden: Nomos.

Hansbauer, Peter, Merchel, Joachim & Schone, Reinhold (2024): Kinder- und Jugendhilfe. Grundlagen, Handlungsfelder, professionelle Anforderungen (2., aktualisierte Auflage). Stuttgart: Kohlhammer.

Nonninger, Sybille & Meysen, Thomas (2023): Kinder- und Jugendhilfe (SGB VIII). In: Merchel, Joachim (Hrsg.): Handbuch Allgemeiner Sozialer Dienst (ASD) (4. Auflage) (S. 87–105). München: Ernst Reinhard Verlag.

Wiesner, Reinhard & Wapler, Friederike (2022) (Hrsg.): SGB VIII: Kinder- und Jugendhilfe: Kommentar (6. Auflage). München: C. H. Beck.

3 Die Fachkraft im ASD – Agieren in einem komplexen Handlungsfeld

☞ Überblick

Dieses Kapitel widmet sich konkret der sozialpädagogischen Fachkraft im ASD. Zunächst werden die konstituierenden Merkmale der Arbeit im ASD erläutert und in den Kontext der Funktion und der spezifischen Charakteristik des Handelns der Fachkraft im ASD gesetzt sowie eingeordnet. Hierdurch werden die umfassenden, aber auch ambivalenten Anforderungen an die ASD-Fachkraft deutlich.

3.1 Soziale Problemlagen – Komplexe Lebenslagen und -verhältnisse der Adressat*innen des ASD

Soziale Probleme werden als der zentrale Gegenstand der Sozialen Arbeit bezeichnet. Soziale Probleme bzw. Problemlagen konstituieren sich auf Grundlage zweier Merkmale: Sie sind objektiv existent und beruhen auf eine gesellschaftliche Anerkennung als Problem bzw. negative Abweichung von einem erwünschten Zustand (Normalfall) (siehe u. a Bieker 2022, Staub-Bernasconi 2018).

Der Auftrag der Sozialen Arbeit erwächst aus dem Handlungsauftrag durch Gesellschaft und Politik, die sozialen Probleme im Rahmen ihrer

Allzuständigkeit in Form personenbezogener Dienstleistungen zu bearbeiten (siehe u.a. Bieker 2022, 34). Dabei fördert die Soziale Arbeit in Anlehnung an die Definition durch den DBSH »gesellschaftliche Veränderungen, soziale Entwicklungen und den sozialen Zusammenhalt sowie die Stärkung der Autonomie und Selbstbestimmung von Menschen« und befähigt diese dazu, »die Herausforderungen des Lebens [zu] bewältigen und das Wohlergehen [zu] verbessern« (DBSH 2016). Es stehen somit sowohl die Verhältnisse als auch das Verhalten von Adressat*innen im Fokus. Bieker zeichnet in diesem Zusammenhang drei unterschiedliche Ebenen bzw. Formen sozialer Probleme nach: belastende Lebensbedingungen, Schwierigkeiten bei der Bewältigung von belastenden Lebensbedingungen und abweichendes bzw. regelverletzendes Verhalten (Bieker 2022, 30).

Tab. 1: Formen sozialer Probleme (Quelle: Bieker 2022, eigene Ergänzungen)

Belastende Lebensbedingen		**Schwierigkeiten der Bewältigung von belastenden Lebensbedingungen**	**Abweichendes bzw. regelverletzendes Verhalten**
materiell	Armut Bildungsdefizite Arbeitslosigkeit schlechte Wohnverhältnisse, Wohnungsnot und Obdachlosigkeit	fehlende (persönliche, soziale und/oder materielle) Ressourcen) zur Problembewältigung der belastenden Lebensbedingungen	Gewaltanwendung Drogengebrauch und -abhängigkeit Straffälligkeit demokratiefeindliche Haltungen
sozial	fehlende Beziehungen konflikthafte Beziehungen fehlende Unterstützung Exklusion	Fehlende Zugänge zu Ressourcenerwerb und Hilfsangeboten	
Gesundheit	Krankheit Behinderung		

Zusammengefasst handelt es sich demnach um vielschichtige, sich häufig überschneidende und miteinander verbundene Probleme in Bezug auf die Lebenslage von Menschen innerhalb der Gesellschaft. Diese Problemlagen betreffen üblicherweise Personen oder Gruppen, die in einer oder mehreren Hinsichten Benachteiligungen, Einschränkungen oder Herausforderungen erfahren, die ihre Teilhabe am sozialen, wirtschaftlichen und kulturellen Leben erschweren oder verhindern.

Lebenslage

»Als ›Lebenslage‹ wird die Gesamtheit der äußeren Bedingungen bezeichnet, durch die das Leben von Personen oder Gruppen beeinflusst wird. Die Lebenslage bildet einerseits den Rahmen von Möglichkeiten, innerhalb dessen eine Person sich entwickeln kann, sie markiert deren Handlungsspielraum. Andererseits können Personen in gewissem Maße auch auf ihre Lebenslagen einwirken und diese gestalten. Damit steht der Begriff der Lebenslage für die konkrete Ausformung der sozialen Einbindung einer Person, genauer: ihrer sozioökonomischen, soziokulturellen, soziobiologischen Lebensgrundlage.

Ein Grundmerkmal des Begriffs der Lebenslage ist seine Mehrdimensionalität: Er umfasst immer mehrere Lebensbereiche zugleich und ist damit gegen einlinige, monokausale Erklärungen gerichtet. So wird der Lebenslagen-Ansatz beispielsweise in der Armutsforschung genutzt, um eine nur am Einkommen orientierte Armutsmessung zu erweitern in Richtung auf eine Erfassung von Unterversorgung in mehreren Bereichen wie Erwerbstätigkeit, Bildung, materiellem Lebensstandard, Wohnqualität, Gesundheit und weiteren Bereichen. In dieser Perspektive ist ›Armut‹ nicht auf Einkommensarmut begrenzt, sondern auf mehrdimensionale Unterversorgungslagen und deren Wechselwirkungen bezogen.« (Engels 2008, 643)

Prekäre Lebenslagen zeichnen sich durch verschiedene Dimensionen aus, darunter finanzielle Probleme, geringe soziale Unterstützung, Gesundheitsprobleme, Bildungsbenachteiligungen und Wohnungsproblematiken. Die zumeist als prekär bezeichnete Lebenslage der Adressat*innen des ASD sind sehr vielfältig: Die häufig vorkommende Kumulation von strukturell und individuell bedingten Herausforderungen erschwert in diesen Familien die Organisation des Alltags und beeinträchtigt die Fähigkeit oder die Bereitschaft der Familie oder einzelner Familienmitglieder, angemessene Erziehungs- und Fürsorgebedingungen für Kinder und Jugendliche zu gewährleisten (vgl. u.a. Middendorf & Parchow 2024; AKJ^{stat} 2023; Tabel 2020; Andresen 2018; Rauschenbach et al. 2009).

Folgende Merkmale kennzeichnen u.a. die Lebenslage von Adressat*-innen des ASD

- Schwierigkeiten in der Bewältigung des Familienalltags,
- Krisen durch Trennung und Scheidung,
- Probleme durch Sucht, Krankheit, psychische Erkrankungen bei einem oder bei beiden Elternteilen,
- Eltern, die mit der Erziehung überfordert sind,
- Kinder und Jugendliche mit psychischen Problemen und/oder Verhaltensauffälligkeiten wie z.B. aggressivem, selbstverletzendem oder depressivem Verhalten und durchleben schwierige Entwicklungsphasen
- Gewalt, Misshandlung und Vernachlässigung u.a.

Deutlich wird hier die Komplexität einer multiplen Problemstruktur in Abhängigkeit von den individuellen Bedingungen und Voraussetzungen der Adressat*innen. Das bedingt sehr unterschiedliche Hilfe- und Unterstützungsbedarfe, aber auch die Wahrnehmung von Kontroll- und Schutzfunktionen durch die Soziale Arbeit. Hier spricht man auch vom »Doppelten Mandat« der Sozialen Arbeit, nämlich sowohl eine Hilfe- als auch Kontrollfunktion übernehmen zu müssen.

Das doppelte Mandat

Das »doppelte Mandat« beschreibt den grundsätzlichen Auftrag von Fachkräften der Sozialen Arbeit, der sich aus zwei gleichzeitig zu beachtenden Verpflichtungen zusammensetzt: der Unterstützung, Beratung und Förderung von Individuen oder Gruppen (Hilfe) auf der einen Seite und der Wahrnehmung und Durchsetzung gesellschaftlicher Normen und Erwartungen (Kontrolle) auf der anderen Seite. Diese Doppelrolle führt zu einem inhärenten Spannungsverhältnis in der Sozialen Arbeit, da die Fachkräfte sowohl die Interessen und Bedürfnisse der Klient*innen vertreten und fördern als auch gesellschaftliche Vorgaben und Regeln durchsetzen müssen. Das Doppelte Mandat verweist damit auf die komplexe und manchmal als widersprüchlich wahrgenommene Rolle von sozialpädagogischen Fachkräften, die sowohl als Unterstützende und Beratende ihrer Klient*innen als auch als Ausführende gesellschaftlicher Ordnungsfunktionen agieren. Die Auseinandersetzung mit und die Reflexion über diese Doppelrolle sind zentrale Bestandteile der professionellen Identität und ethischen Positionierung in der Sozialen Arbeit. (Vgl. u. a. Urban 2004, Wendt 2015)

Besonders in der Arbeit im ASD zeigt sich das doppelte Mandat, denn, so von Spiegel (2021), im ASD »sind Hilfen zur Erziehung für Familien und staatliches Wächteramt nicht strukturell voneinander zu trennen« (von Spiegel 2021, 29). Das sogenannte Spannungsfeld zwischen Hilfe und Kontrolle ist ein konstituierendes Merkmal der Arbeit im ASD und verlangt von den Mitarbeitenden eine bewusste Auseinandersetzung mit der eigenen Positionierung innerhalb dieses Spannungsfeldes – regelmäßig und für jeden Fall (zum Fallverständnis ▶ Kap. 4.2). (Siehe auch Klug 2023, Schrapper 2008.)

3.2 Funktionsmerkmale und sozialpädagogischer Auftrag einer ASD-Fachkraft

Als Basisdienst des bezirklich orientierten Jugendamtes ist der ASD eine Erstkontaktstelle sowohl für Kinder, Jugendliche, junge Erwachsene und Eltern als auch für Fachkräfte, Organisationen und Institutionen, die mit Kindern, Jugendlichen und Familien arbeiten. Die Arbeit im ASD ist von einer hohen Verantwortung und Vielseitigkeit geprägt, da sie direkt an der Schnittstelle zwischen individuellen Bedürfnissen, gesellschaftlichen Erwartungen und rechtlichen Vorgaben agiert. Die ASD-Fachkräfte nehmen eine Schlüsselposition in der sozialpädagogischen Arbeit ein, welche die Unterstützung und Förderung von Kindern, Jugendlichen und deren Familien in den Mittelpunkt stellt. Fachlich-professionelles Handeln bezieht sich hier auf die Verknüpfung von sozialpädagogischem und verwaltungsspezifischem Handeln. Fachliches professionelles Handeln muss somit immer im Kontext der Person, dem Handlungsfeld und dem organisationalen Rahmen inkl. seiner spezifischen Umwelt eingeordnet werden. Im Folgenden werden besondere Merkmale und daraus resultierende Funktionen und Charakteristika, die in der Verantwortung der ASD-Fachkraft liegen, aufgeführt.

Als Alleinstellungsmerkmale des ASD lassen sich diese Eigenschaften und Leistungen festmachen:

- *Eindeutige Zuordnung von Zuständigkeiten für Bezirke:* Es gibt keine Adresse in der Bundesrepublik Deutschland, von der nicht eruiert werden kann, wer hier aus dem jeweiligen Stadt- oder Kreisjugendamt vom ASD im Rahmen der Bezirkszuständigkeiten (Fachkräfte und ASD-Teams sind eindeutig Wohngebieten oder -bezirken zugeordnet) tätig werden muss.
- *Umfassende Zuständigkeit für alle psychosozialen Problemlagen:* Der ASD ist zuständig bei psychosozialen Problemlagen aller Kinder, Jugendlichen, jungen Erwachsenen und deren Familien (Lebenslagen ▶ Kap. 3.1).

- *Offensiver Handlungsauftrag zur Sicherung des Kindeswohls:* Die Ausübung und Wahrnehmung des staatlichen Wächteramtes nach 6 Abs. 2 Satz 2 GG und § 8a SGB VIII verlangt, jeden bekannt gewordenen Sachverhalt mit Hinweisen auf eine Kindeswohlgefährdung zu prüfen.
- *Bündelung der Funktionen Beratung, Vermittlung & Wächteramt:* Grundsätzlich soll die Arbeit des ASD gekennzeichnet sein durch eine wertschätzende und respektvolle Arbeitsbeziehung zu Kindern, Jugendlichen, jungen Erwachsenen und Eltern. Die ASD-Fachkraft berät sie in allen ihren Angelegenheiten und vermittelt, wenn notwendig, in passgenaue und bedarfsgerechte Unterstützungs- und Hilfeleistungen, bei gleichzeitiger Wahrnehmung der Kontroll- und Eingriffsbefugnisse durch das Wächteramt, wenn das Kindeswohl gefährdet ist (doppeltes Mandat ► Kap. 3.1).
- *Angewiesenheit auf intensive Kooperation mit anderen Diensten:* Um seinem umfassenden Auftrag (Beratung, Vermittlung und Schutz) nachkommen zu können, kooperiert die ASD-Fachkraft insbesondere mit freien Trägern der Kinder- und Jugendhilfe, Bildungseinrichtungen, sozialraumbezogenen Einrichtungen, Ämtern, Beratungsstellen, gesundheitsbezogenen und therapeutischen Einrichtungen, Schutzeinrichtungen, Polizei, Justiz u. v. m. Ohne diese Kooperationen kann der ASD seine Aufgaben und Aufträge nicht erfüllen. Durch diese Kooperationen können ganzheitliche und auf den individuellen Fall abgestimmte Hilfepläne entwickelt werden. Die sozialpädagogische Fachkraft fungiert oft als Brücke zwischen den Beteiligten und koordiniert die verschiedenen Unterstützungsleistungen.

Anlass für das Tätigwerden des ASD sind in der Regel Unterstützungs- und Erziehungsbedarfe und/oder (psycho-)soziale Problemlagen von Kindern, Jugendlichen und Eltern. Handlungsauslöser für den ASD sind in der Regel die Äußerung des Wunsches von jungen Menschen und/oder Personensorgeberechtigten nach Beratung und Unterstützung, die Kontaktaufnahme durch Schulen, andere Behörden und andere Einrichtungen der Kinder- und Jugendhilfe (freie Träger) oder auch Mitteilungen über gewichtige Anhaltspunkte für eine Kindeswohlgefährdung. Das bedeutet, dass die ASD-Fachkraft immer im privaten Raum interveniert. Der ASD zeichnet sich in Anlehnung an Tenhaken und Schone (2015) durch grundlegende Funktionsmerkmale aus: Er ist Vermittlungs- und Entscheidungsinstanz zu speziellen und/oder intensiven Hilfen, eine eigenständige Hilfeinstanz im Netzwerk der Hilfen, nimmt das staatliche Wächteramt über das Kindeswohl ein und ist auf Grundlage dieser drei Dimensionen seines Handelns gleichzeitig auch Sensor für soziale Problemlagen (vgl. Tenhaken & Schone 2015, 56f.).

Eigenständige Hilfeinstanz bedeutet, dass der ASD als erste Anlaufstelle zur sozialpädagogischen Beratung sowohl für Kinder, Jugendliche und Eltern zu Fragen und Problemen, aber auch zu Fragen und kollegialer Beratung für Fachkräfte dient. Des Weiteren ist der ASD im Rahmen seiner Fall- und Hilfeplanverantwortung nach § 36 SGBVIII in Bezug auf die Gewährung von Hilfen zur Erziehung (HzE) sowohl in einer maßgebenden Rolle bei der Entscheidung über geeignete und notwendige Hilfen als auch in der Federführung zur Vermittlung ebendieser geeigneten Hilfen in Zusammenarbeit mit den freien Trägern der Kinder- und Jugendhilfe. Als Wächterinstanz nimmt er den Schutzauftrag über das Kindeswohl wahr und sichert den Schutz von Kindern und Jugendlichen vor Gefahren für ihr Wohl, ggf. auch gegen den Willen der Eltern bzw. Personensorgeberechtigten. Aus diesem Konglomerat der – sicherlich auch in einem Spannungsfeld befindlichen Funktionen heraus – ergibt sich die unmittelbare Erfahrung der ASD- Mitarbeitenden mit den aktuellen Sorgen, Nöten und Problematiken der Menschen im Einzelfall (in seinem Bezirk, Stadtteil, Sozialraum). Sowohl in der Summe der Fälle des einzelnen ASD-Mitarbeitenden als auch in der Zusammenschau der Problematiken im Bezirk insgesamt (z.B. durch den Austausch mit den Teamkolleg*innen) lässt sich ein Bild von den Lebensumständen und -bedingungen, den daraus resultierenden Problemlagen und den Bewältigungsmustern der Adressat*innen zeichnen und ableiten, welche Hilfen angenommen werden, aber auch welche bedarfsgerechten Hilfen und Unterstützungsleistungen fehlen.

Diese soeben dargelegten Funktionen sind nicht voneinander zu trennen, in jeglichen Arbeitskontexten sind diese präsent, jedoch je nach Fall und Problemlage steht mehr die eine oder andere Dimension im Fokus des professionellen Handelns der ASD-Fachkraft. Abzuleiten sind hieraus drei Rollen, die eine ASD-Fachkraft einnimmt: die ASD-Fachkraft als Berater*in, als Vermittler*in von Leistungen und als Motor der

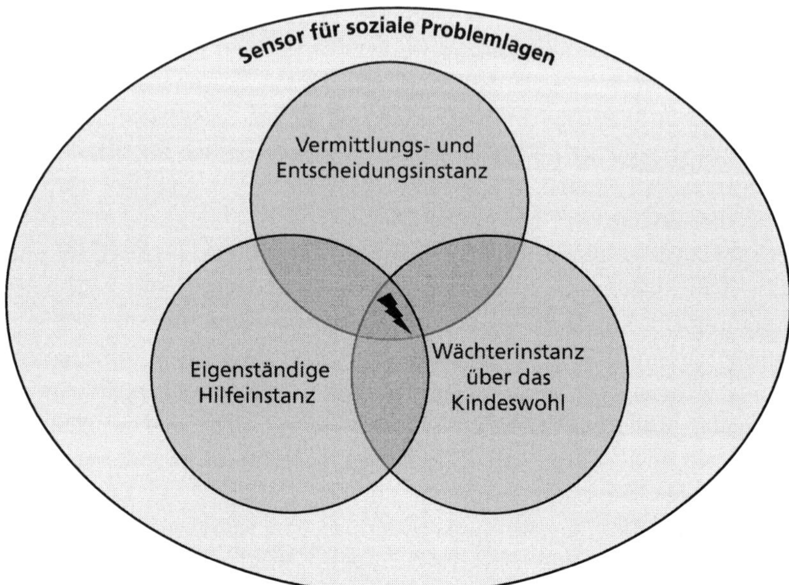

Abb. 10: Funktionen des ASD (aus Schone & Tenhaken (Hrsg.), Kinderschutz in Einrichtungen und Diensten der Jugendhilfe © 2012 Beltz Juventa · Weinheim und Basel)

Schutzmaßnahmen bei einer Kindeswohlgefährdung (vgl. auch Nonninger & Meysen 2023).

Die ASD-Fachkraft als Berater*in

Die ASD-Fachkraft ist im Rahmen ihrer Tätigkeit und Funktionen (s. o.) eindeutig mit einem umfassenden Beratungsauftrag ausgestattet. Hierbei geht es vor allem um die

- Beratung zu einer möglichen Leistungsberechtigung und zu möglichst niedrigschwelligen Hilfezugängen (§ 10a SGB VIII),
- formlose Beratung in allgemeinen Fragen der Erziehung und Entwicklung junger Menschen (§ 16 Abs. 2 Nr. 2 SGB VIII),
- allgemeine Beratung Minderjähriger (§ 8 Abs. 2 und 3 SGB VIII),

- Beratung und Unterstützung im Zusammenhang mit Partnerschaftskonflikten, Trennung und Scheidung gemäß § 17 SGB VIII mit und ohne gerichtliche Beteiligung,
- Beratung und Unterstützung in der Personensorge und bei der Ausübung des Umgangsrechts gemäß § 18 SGB VIII.

Deutlich wird hier ein wesentlicher Auftrag des ASD: der präventiv-sozialräumliche Auftrag. Die niedrigschwellige Beratung und Unterstützung von Kindern, Jugendlichen und Familien jenseits eines Hilfeprozesses (im Sinne der HzE) ermöglichen die Wahrnehmung des gesamtkomplexen Auftrages des ASD als präventiver, adressat*innenorientierter, partizipativ agierender Basisdienst in der Kinder- und Jugendhilfe und verhindert die einseitige Fokussierung auf den Kinderschutz (vgl. Klomann 2022; AGJ 2014).

Im Kontext der Gewährung von Hilfen zur Erziehung und weiterer Hilfeleistungen haben die Leistungsberechtigten (Eltern bzw. Personensorgeberechtigten) Anspruch auf differenzierte Beratung

- im Vorfeld der zu gewährenden oder möglichen Hilfen und Unterstützungsleistungen,
- zu den Zugängen zu Angeboten des SGB VIII,
- zu den Verwaltungsabläufen im Jugendamt und weiteren Verwaltungseinheiten,
- zu den Leistungsanbietern (freie Träger) und
- anderen Hilfemöglichkeiten im Sozialraum.

Als eigenständige sozialpädagogische Beratungsinstanz kann die ASD-Fachkraft auch die *spezifischen Formen der Erziehungsberatung nach § 28 SGB VIII selbst anbieten* und hier mit den Eltern, Kindern und Jugendlichen in einem festen mittelfristigen Beratungssetting aktiv und gestaltend an der Herausbildung und Absicherung positiver Lebensbedingungen aller im familiären Kontext sorgen.

Des Weiteren muss die ASD-Fachkraft ihrem gesetzlichen Auftrag auf *Beratung von Kindern und Jugendlichen gemäß § 8 SGB VIII nachkommen*, in dem diese entsprechend ihrem Entwicklungsstand an allen sie betreffenden Entscheidungen des Jugendamts beteiligt werden und in geeigneter

Weise auf ihre Rechte hingewiesen werden (§ 8 Abs. 1 SGB VIII). Damit sichert die ASD-Fachkraft auch den eigenen Rechtsanspruch von Kindern und Jugendlichen, *sich in allen Angelegenheiten der Erziehung und Entwicklung von sich aus an das Jugendamt zu wenden (§ 8 Abs. 2 SGB VIII).* Dieser Rechtsanspruch schließt ein, dass Kinder und Jugendliche auch *ohne die Kenntnis der Personensorgeberechtigten Beratung erhalten, wenn durch deren Einbezug der Beratungszweck vereitelt werden würde (§ 8 Abs. 3 SGB VIII).*

Deutlich wird, dass die ASD-Fachkraft als eigenständige Hilfeinstanz dem bedingungslosen Beratungsanspruch der Adressat*innen nachkommen sowie eine alters- und entwicklungsangemessene Beteiligung von Kindern und Jugendlichen sicherstellen muss.

Die ASD-Fachkraft als Vermittler*in von Leistungen

ASD-Fachkräfte fungieren als Mittler zwischen dem System der öffentlichen Jugendhilfe, den Leistungserbringern (freie Träger) und den betroffenen Individuen oder Familien. Sie bewegen sich dabei in einem Spannungsfeld verschiedener Interessen und Erwartungen und müssen eine Brücke zwischen den rechtlichen Rahmenbedingungen und den individuellen Bedürfnissen der Klient*innen schlagen. Im Kontext ihrer Rolle als Vermittler entscheidet die ASD-Fachkraft primär über die Gewährung von Hilfen zur Erziehung. Die Hilfeplanung nach § 36 SGB VIII (Hilfeplanung ► Kap. 4.3) ist hier sowohl als Kernauftrag als auch als Schlüsselprozess zu definieren: Als hilfeplanverantwortliche fallzuständige ASD-Fachkraft entscheidet sie über das Vorliegen eines individuellen Rechtsanspruches, handelt u. a. mit den Adressat*innen die geeignete und notwendige Hilfe aus und sorgt für den Zugang zu einem Leistungsanbieter, in der Regel ein freier Träger der Kinder- und Jugendhilfe, womit gleichzeitig die Finanzierung des Hilfeangebotes (Zusage zur Übernahme der Kosten) festgelegt und vertraglich geregelt ist. Die ASD-Fachkraft handelt im Rahmen des Hilfeplanverfahrens somit sowohl als Leistungsentscheider als auch als Leistungsgewährer. Gleichzeitig übernimmt die ASD-Fachkraft im gesamten Hilfeverlauf die Rolle des zentralen Ansprechpartners für die Adressat*innen und die Mitarbeitenden des Leistungsanbieters (freier Träger). Die Auswahl der Leistungen bzw. Hilfeart wird nach sozialpädagogischen Gesichtspunkten (primär dem erzieherischen Bedarf) vorgenommen. Insgesamt umfassen die Leistungen:

- gemeinsame Wohnformen für Mütter/Väter und ihre Kinder (§ 19 SGB VIII),
- Hilfen zur Erziehung (§§ 27 ff. SGB VIII),
- Eingliederungshilfen für Kinder und Jugendliche mit einer seelischen Behinderung (§ 35a SGB VIII),
- Hilfen für junge Volljährige und Nachbetreuung (§ 41, 41a SGB VIII),
- Eingliederungshilfen für junge Volljährige mit einer seelischen Behinderung (§ 41 in Verbindung mit 35a SGB VIII).

Die Hilfeplanung, Hilfebewilligung und Hilfegewährung beziehen sich in der Regel auf die Leistungen der Jugendhilfe mit Fokus auf die Hilfen zur Erziehung. Für die Umsetzung der konkreten Hilfen sind die Fachkräfte des ASD zuvorderst auf die Kooperation und Vernetzung mit anderen Institutionen wie Schulen, Kindertagesstätten, Beratungsstellen, Therapeut*innen, Mitarbeitenden der freien Träger und weiteren Akteur*innen im sozialen Dienstleistungssektor angewiesen. Die Güte der Mittlerrolle im Einzelfall hängt folglich auch davon ab, auf welche Kooperationen und Vernetzungen die ASD-Fachkraft tatsächlich im Rahmen der Hilfeumsetzung zurückgreifen kann.

Kooperation und Vernetzung sind dabei Strukturmerkmale (z. B. Kooperation zwischen den Systemen, Netzwerk Kinderschutz) als auch Handlungsmaxime (»Zusammenwirken mehrerer Fachkräfte«, Zusammenarbeit mit Mitarbeitenden freier Träger im Fall) in der ASD-Arbeit (vgl. Merten 2015). Es existieren somit unterschiedliche Kontexte, Aufforderungen oder Notwendigkeiten, von denen ausgehend kooperiert werden muss und kann. Das bedeutet, dass wenn von Kooperation und Vernetzung im ASD gesprochen wird, klar sein muss, welcher Kontext zur Zusammenarbeit im Einzelfall den Bezugsrahmen bildet. Demnach besteht also die Notwendigkeit, eine Ausdifferenzierung hinsichtlich der Kooperationsebenen vorzunehmen (► Abb. 11).

Es werden die unterschiedlichen Aufträge, aber auch Anforderungen an die ASD-Fachkraft in Bezug auf Kooperation und Vernetzung auf der normativen, der organisationsbezogenen und der akteursbezogenen

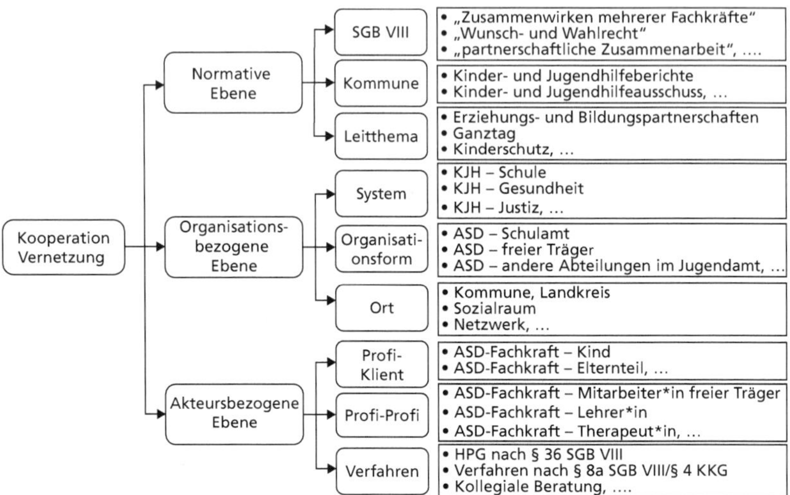

Abb. 11: Ebenen der Kooperation im Handlungsfeld ASD

Ebene deutlich: Die Abbildung zeigt die unterschiedlichen Kooperationsbereiche und Handlungskontexte, in und mit denen die ASD-Fachkraft (qua Amt) involviert ist oder in denen sie zu kooperieren angehalten ist, Kooperationen (mit-)gestalten muss oder sogar steuernd tätig ist. Ferner ist zwischen einer fallspezifischen und fallunspezifischen Kooperation und Vernetzung zu unterscheiden.

Fallspezifische Kooperation und Vernetzung

Die ASD-Arbeit bezieht sich zunächst einmal genuin auf den Einzelfall. Allerdings sind die Einzelfälle, d. h. die Adressat*innen, immer in bestimmte sozialräumliche Bezüge (z. B. Wohnort, Lebensumfeld), in bestimmte andere Hilfearrangements (z. B. Therapie) und weitere (Hilfe-) Systeme (z. B. Schule) eingebettet. Das bedeutet für die Arbeit im ASD, dass fallspezifische Schnittstellen zu anderen Leistungsträgern und Handlungssystemen gestaltet werden müssen, wenn adäquate Hilfe gestaltet und gesteuert werden will. Darüber hinaus gilt es im Rahmen einer lebensweltorientierten Hilfe, auch den Blick auf das Lebensumfeld der Adressat*innen zu erweitern, um hierdurch auch Ressourcen aus der

Umwelt, dem Umfeld der Adressat*innen zu entdecken und hieran im Hilfekontext anknüpfen zu können. In Anlehnung an Lüttringhaus und Streich (2007) sind somit Kooperationsnotwendigkeiten aufgrund einer lebensweltorientierten Ressourcenorientierung im Fall angezeigt.

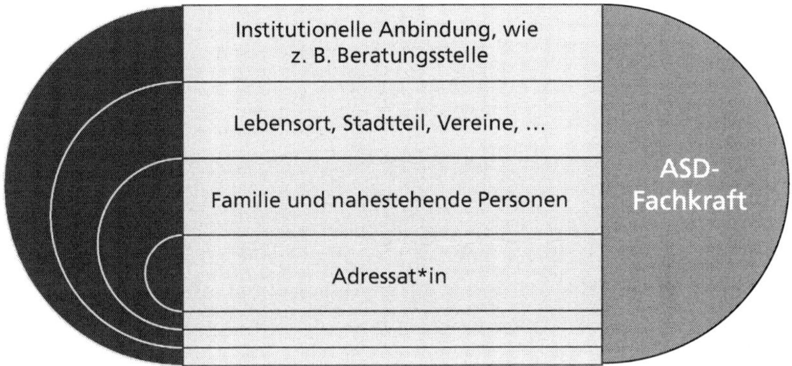

Abb. 12: Ressourcenorientierung im Rahmen der fallspezifischen Kooperation

Im Rahmen der Ressourcenorientierung muss demnach die ASD-Fachkraft in der Lage sein, Hilfen und Lösungswege in Kooperation mit weiteren Institutionen und in sozialraumspezifischen Arrangements gemeinsam zu gestalten, und bezieht daher alle Dimensionen des Falles im Rahmen seiner Funktion (▶ Abb. 10) mit ein.

Fallunspezifische Kooperation und Vernetzung

Darüber hinaus ergibt sich für die ASD-Fachkraft auch die Notwendigkeit über den Einzelfall hinaus, in fallunspezifischen Kooperationen und Vernetzungen zu arbeiten und aktiv zu sein. Denn: Man kann nur die Ressourcen (für die eigene Fallarbeit) aktivieren und nutzen, die man kennt, d. h., wer vernetzt ist, erschließt sich Wissen über Ressourcen und Kooperationspartner*innen. Lüttringhaus (2007) spricht hier von der *fallunspezifischen Arbeit*, bei der sich die ASD-Fachkraft den eigenen Sozialraum (z. B. Stadtteil, in dem man arbeitet und dezentral verortet ist) erschließt und Kontakt zu den Menschen und Institutionen aufnimmt, um Hinweise über die Entstehung von Problemen und Tipps für die

Bearbeitung zukünftiger Fälle im Kontext des Sozialraums zu bekommen. Darüber hinaus erhält die ASD-Fachkraft einen Überblick über die Angebote und Möglichkeiten in ihrem Zuständigkeitsbereich, schließt Kontakte zu Personen und Institutionen, die dann im Rahmen der Einzelfallarbeit schnell und unkompliziert aktiviert bzw. akquiriert werden können.

Wie zuvor erwähnt, ist die ASD-Fachkraft auch Sensor für soziale Problemlagen, d. h., die ASD-Fachkraft weiß (durch direkten Kontakt mit den Adressat*innen) von deren Bedarfen und den daraus abgeleiteten notwendigen Hilfen und Angeboten. Durch die fallunspezifische Arbeit kann daher die ASD-Fachkraft fehlende Ressourcen, Angebote und Unterstützungsleistungen im eigenen Zuständigkeitsbereich/Sozialraum in Bezug auf den Bedarf im Einzelfall identifizieren. Hierdurch kann sie im Rahmen ihrer Mitwirkung an der Jugendhilfeplanung gemäß § 80 SGB VIII auf die fehlenden Angebote vor Ort hinweisen und sich für die Implementierung entsprechender notwendiger bedarfsgerechter Angebote und Ressourcen einsetzen.

Die ASD-Fachkraft als Motor der Schutzmaßnahmen bei Kindeswohlgefährdung

In den Fällen, in denen eine dem Wohl des Kindes entsprechende Erziehung nicht gewährleistet ist und/oder eine Kindeswohlgefährdung vorliegt, ist es die Pflicht der ASD-Fachkraft, den Eltern bzw. Sorgeberechtigten Hilfen anzubieten, um eine förderliche Erziehung des Kindes oder Jugendlichen sicherzustellen. Liegt eine konkrete Kindeswohlgefährdung vor, sind Schutzmaßnahmen, ggf. auch gegen den Willen der Eltern bzw. Personensorgeberechtigten im Rahmen des *Verfahrens zum Schutzauftrag bei Kindeswohlgefährdung gemäß § 8a SGB VIII* zu ergreifen.

Die festgelegten Verfahrensvorschriften sichern das sozialpädagogische und verfahrensspezifische Vorgehen der ASD-Fachkraft ab (► Kap. 4.4). Darüber hinaus muss die ASD-Fachkraft im Rahmen der sogenannten hoheitlichen Aufgaben auch die

- Inobhutnahme von Kindern und Jugendlichen (§ 42 SGB VIII) und
- die Vorläufige Inobhutnahme von ausländischen Minderjährigen nach unbegleiteter Einreise (§ 42a SGB VIII)

durchführen. Im Rahmen der Wahrnehmung des Schutzauftrages bei einer akuten Kindeswohlgefährdung kann hier das Jugendamt einen Eingriff in die elterliche Sorge vornehmen, um den Aufenthaltsort in einer geeigneten Einrichtung (z.B. Inobhutnahmestelle) oder bei einer geeigneten Person (z.B. Bereitschaftspflegestelle) festlegen zu können und dadurch das Wohl des Kindes zu sichern. Hieran schließen sich dann eine Reihe von Aufgaben und Notwendigkeiten an, die

- im Rahmen der Hilfeplanung veranlasst werden müssen (z.B. Nachholung einer gerichtlichen Entscheidung, Bestellung eines Vormundes, Rückführung in den elterlichen Haushalt),
- geklärt werden müssen (z.B. Einleitung eines Hilfeplanverfahrens) und
- installiert werden müssen (z.B. Falldiagnostik, Hilfen zur Erziehung).

Darüber hinaus muss die ASD-Fachkraft auch den *Schutz vor Grenzverletzungen, sexueller, physischer und psychischer Gewalt und Übergriffen im Rahmen der Hilfegewährung sicherstellen und aktiv ausfüllen (zu Schutzkonzepte für Einrichtungen gem. §§ 45, 79a SGB VIII siehe u.a. LWL/LVR 2021).* Hierfür muss die ASD-Fachkraft auf die Möglichkeit und das Recht der Inanspruchnahme von Beratungen in (unabhängigen) Ombudsstellen hinweisen und in der Auswahl der Leistungsanbieter (freie Träger) auf Schutzkonzepte der Einrichtungen aufmerksam machen.

Die ASD-Fachkraft hat zusammengefasst hier drei zum Teil sehr divergierende Rollen inne und bewegt sich damit in einem breiten Handlungsspektrum zwischen Fördern/Beraten, Helfen/Unterstützen und Schutz/Kontrolle (▶ Abb. 13).

Deutlich wird die Herausforderung für die Fachkraft, fachliches Handeln zwischen diesen unterschiedlichen Interventionsformen – sowohl in Bezug auf das Handlungsfeld ASD (konzeptionell) als auch in Bezug auf den jeweiligen Einzelfall – sicherzustellen. Erforderlich ist folglich eine regelmäßige kritische (Selbst-)Reflexion in Form von Supervision oder kollegialer Beratung, um die eigenen Handlungsweisen im Fall und die

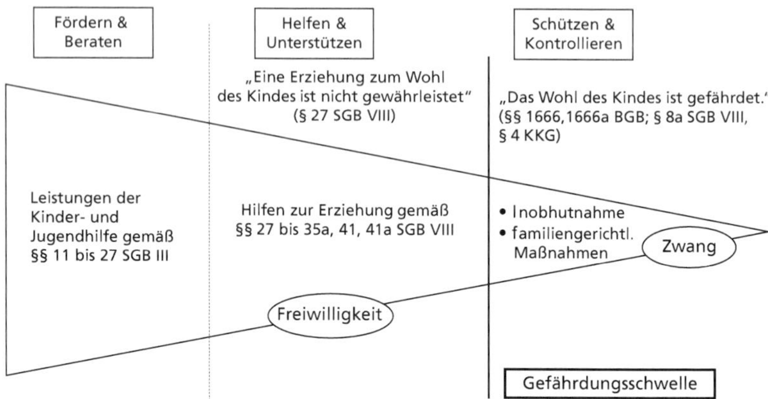

Abb. 13: (Rechtliche) Einordnung der Arbeit im ASD (in Anlehnung an Schone 2008, BMFSFJ 2009)

eigene Rolle und Haltung regelmäßig selbst- und machtkritisch zu hinterfragen (siehe hierzu u. a. Conen 2023, Gissel-Palkovich 2011).

Der ASD im Rahmen fallunspezifischer Arbeit

Unabhängig von den bisher skizzierten Funktionen Beraten, Vermitteln und Schützen, die sich primär auf die Arbeit im Einzelfall beziehen, gibt es eine Reihe von Aufgaben und Funktionen, die im Rahmen einer fallunspezifischen Aufgabenwahrnehmung durch die ASD-Fachkraft sicherzustellen sind. Diese unterstützen die Aufgaben und Leistungen im Rahmen des Hilfeplanverfahrens im Einzelfall, haben aber darüber hinaus auch eine eigenständige Berechtigung.

- *Zusammenarbeit mit sozialräumlichen Angeboten:* Schon bei der Konstituierung der Hilfen (zur Erziehung) soll das soziale Umfeld der Adressat*innen einbezogen und im Rahmen der Gewährung der Hilfen bestenfalls mit sozialräumlichen und infrastrukturellen Angeboten (außerhalb der Hilfen zur Erziehung, z. B. Stadtteilcafé) kombiniert werden.
- *Mitwirkung an Vereinbarungen mit Trägern der freien Jugendhilfe und Mitwirkung an der Jugendhilfeplanung:* Durch die Rolle als Vermittler zu

Leistungen von freien Trägern erhält die ASD-Fachkraft einen guten Überblick über die aktuelle Angebotspalette und die konkrete Ausgestaltung von Hilfeleistungen der freien Träger. Im Rahmen der Hilfeplanung kann die ASD-Fachkraft an der Art und Weise der Ausgestaltung von Hilfe- und Unterstützungsleistungen freier Träger maßgeblich mitwirken. Gleichzeitig wird durch seine Funktion »Sensor für soziale Problemlagen« der Blick auch auf notwendige, aber noch fehlende Hilfe- und Unterstützungsleistungen gelenkt. Die ASD-Fachkraft arbeitet demnach mit den Planungskräften der infrastrukturellen Planungen (z.B. Jugendhilfeplanung gemäß §§ 79, 80 SGB VIII) zusammen und wirkt daher an der Ausgestaltung einer bedarfsgerechten, lebenswelt- und sozialraumorientierten Kinder- und Jugendhilfe-Landschaft mit.

- *ASD als Initiator und zentraler Akteur von Kooperation:* Im Rahmen seiner Arbeit vermittelt der ASD Kontakte zwischen den Adressat*innen und den Leistungsanbietern (freie Träger) und weiterer Institutionen. Damit ist er auf eine partnerschaftliche Zusammenarbeit mit den Hilfe- und Unterstützungsanbietern vor Ort angewiesen. Darüber hinaus ist der ASD zur Zusammenarbeit mit weiteren Einrichtungen und Netzwerken gemäß § 4 KKG (Gesetz zur Kooperation und Information im Kinderschutz) verpflichtet. Demnach muss der ASD engagiert und aktiv in themenspezifischen und/oder sozialräumlichen Netzwerken mitwirken und ggf. auf eine Teilnahme hinwirken.

3.3 Doppelte Verfasstheit der Arbeit im ASD

Das sozialpädagogische Handeln der ASD-Fachkräfte findet im Rahmen einer Verwaltung und in Anwendung (verfahrens-)rechtlicher Standards statt. Hierdurch können Ambivalenzen entstehen, die die ASD-Fachkraft tagtäglich erfährt. Herausforderungen bestehen darin, dass auf der Seite der Organisation der ASD-Arbeit eine gewisse Verwaltungsordnung der Normen und Fälle besteht: Es werden konditionale Normanwendung nötig, es besteht eine Organisationslogik im Sinne von Aufgabenteilungen, Entscheidungshierarchien und Vorgaben im Rahmen von Wirtschaftsprozessen und Haushaltsvorgaben (▶ Kap. 1.2.1). Auf der anderen Seite befasst sich die ASD-Fachkraft im Kontext der Zusammenarbeit mit den Kindern, Jugendlichen und Familien mit der sogenannten »Unordnung des Lebens«, die unstrukturiert und wild erscheint, die ASD-Fachkraft handelt hier je nach Einzelfall alltagsorientiert, muss flexibel vorgehen und auf der Beziehungsebene partizipativ und umsichtig agieren. Die Herausforderung besteht für sie darin, eine doppelte Übersetzungsleistung zwischen Verstehen und Ordnen sowie objektiv-verfahrenssicherem Handeln und sozialpädagogischer Flexibilität (▶ Abb. 14) für jeden einzelnen Fall konstant vornehmen zu müssen. Das heißt auch, dass sich die ASD-Fachkraft bei ihrer praktischen Arbeit die Frage stellen muss: *Wie können die Hilfeprozesse so gestaltet werden, dass beiden Prinzipien – Organisationslogik und Alltagsorientierung – Rechnung getragen wird?*

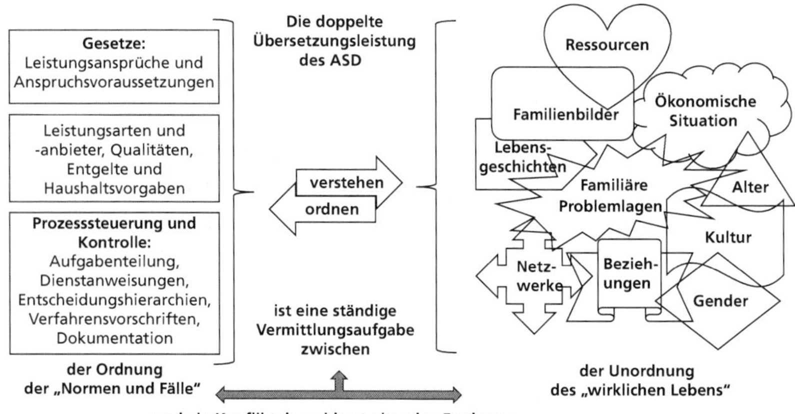

Abb. 14: Arbeitsweise und Funktion des ASD (nach Schrapper 2012; eigene Ergänzungen)

Darüber hinaus weist die ASD-Arbeit weitere Ambivalenzen und Spannungsfelder im Rahmen der doppelten Verfasstheit auf:

- *Einzelfall vs. Sozialraum:* Hier pendelt die ASD-Fachkraft zwischen dem Zuschnitt von Bezirken (z. B. Stadtteilen) und der tatsächlichen lebensweltlichen Zuschnitten der Sozialräume der Adressat*innen (z. B. besuchtes Jugendzentrum befindet sich nicht am Wohnort), zwischen der Bestimmung des Verhältnisses von fallbezogener und fallunspezifischer Arbeit sowie zwischen der individuellen Hilfeplanung (§ 36 SGB VIII) und infrastruktureller Jugendhilfeplanung (§ 79, 80 SGB VIII).
- *Beratung vs. Entscheidung:* Hier pendelt die Fachkraft zwischen einer regelgeleiteten Informationsbeschaffung und einer flexiblen Beschaffung entscheidungserheblicher Sachverhalte im Rahmen ihrer subjektiven Wahrnehmungs- und Deutungskompetenz; des Weiteren zwischen der Bestimmung des (erzieherischen) Bedarfs nach fachlichen Kriterien und der Entwicklung mit den Klienten ausgehandelter realisierbarer Handlungskonzepte (Welchen Bedarf sehen die Klienten? Was sind sie bereit zu akzeptieren? Klienten als Koproduzenten der Hilfe).
- *Hilfe/Unterstützung vs. Kontrolle/Schutz:* Hier pendelt die Fachkraft zwischen ihrem Wissen um dem gesetzlichen Handlungsauftrag im Spannungsfeld zwischen Elternrecht, Kindeswohl und staatlichem Wächteramt, der Wahrnehmungs- und Deutungskompetenz der Lebenssituation von Adressat*innen und der eigenen Einschätzung von Bedrohungen und Potenzialen, dem Wissen um das Wesen von »Kindeswohlgefährdung« (klare geordnete rechtliche und fachliche Aspekte) und die Kenntnisse über die (ungeordneten, wilden) Verläufe von Krisen in familiären Systemen.
- *Gewährleistung von Fachlichkeit vs. Ressourcenknappheit:* Hier pendelt die Fachkraft zwischen der Fachverantwortung und der Ressourcenverantwortung, sozialpädagogischen Arbeitsweisen und administrativ-wirtschaftlichen Entscheidungen, zwischen Wissen über notwendige und geeignete Hilfen und fehlender Vielfalt und (Hilfe-)Angeboten freier Träger, zwischen eigenem fachlichem Anspruch und zu wenig Zeit für die Einzelfälle als Folge von fehlenden personellen Ressourcen und hohen Fallzahlen.

Deutlich wird an diesen Beispielen das Vorliegen sogenannter »strukturreller Konfliktpotenziale« (Herrmann 2013) zwischen dem Subjekt und dem gesetzlichen Auftrag.

Häufig wird davon ausgegangen, dass sich professionelles Handeln im ASD dadurch auszeichnet, diese zuvor aufgeführten Ambivalenzen, Spannungsfelder und die doppelte Verfasstheit in die Balance oder »in den Griff« zu bekommen. Dies ist reine Utopie und reines Wunschdenken:

> »Sozialpädagogische Entscheidungen sind […] immer prozesshaft, personenbezogen und nur schwer objektivierbar: Es gibt keine eindeutige Zuordnung von Ursache und Wirkung, sondern immer mehrdeutige Verhältnisse und ebenso wenig eine Zuordnung von Problem und Lösung, vielmehr immer Versuche mit hoher Irrtumswahrscheinlichkeit; keine starren Muster also, sondern ständige Vergewisserung, Reflexion und ggf. Revision eingeschlagener Wege sind notwendig.« (Schrapper 1994, 68)

Professionelles Handeln im ASD zeichnet sich ergo durch fachlich-begründetes Handeln innerhalb ebendieser Polaritäten aus, es gibt keine Handlungsalternativen! Je nach Einzelfall, je nach Auftrag muss die ASD-Fachkraft in der Lage sein, sich und ihr Handeln im Rahmen dieser Polaritäten sicher und fachlich einzuordnen, auf dieser Grundlage sicher und fachlich im Fall agieren zu können. Der Wunsch nach Handlungssicherheit ist verständlich, gerade auch im Arbeitskontexten wie dem ASD, wo die Fachkraft in der Fallverantwortung steht und auch das staatliche Wächteramt sicherstellen muss. Allerdings, so Schone und Hensen

> »lässt sich der Wunsch nach absoluter (rechtlicher) Handlungssicherheit bei der Bewältigung von latenten und akuten Krisensituationen von Kindern und Familien angesichts der Struktur des sozialpädagogischen Handlungsfeldes und angesichts des notwendigen Einzelfallbezugs bei der rechtlichen Bewertung nicht einlösen. Mit Hilfe fachlicher (Verfahrens-)Standards und organisatorischer Vorkehrungen im Jugendamt ist lediglich eine Reduktion von Unsicherheit durch Hinweise auf einen kompetenten Umgang mit der Risikostruktur des ASD-Arbeitsfeldes möglich« (Schone & Hensen 2011, 25).

Handeln in Unsicherheit ist konstituierendes Merkmal Sozialer Arbeit (vgl. Helsper, Krüger & Rabe-Kleeberg 2000, siehe auch Klatetzki 2020; Müller 2017; Schnurr 2008; Schröer & Wolff 2018). Allein die Implementierung von standardisierten Verfahren und alleinig technokratischausgerichteten Prozessen erzielt keinen Abbau von Unsicherheiten, sondern erfordert auch, so Dewe und Otto, bestimmtes Professionswissen, das sich aus dem reflexiven Umgang mit theoretischem Wissen und situativem Handlungswissen ergibt (Dewe & Otto 2012). Die alleinige Konzentration auf die technokratische Standardisierung ohne die Berücksichtigung sozialpädagogischen Fach- und Handlungswissens trägt, so Klomann et al., sogar die Gefahr einer De-Professionalisierung sozialpädagogischer Fachkräfte im ASD in sich (Klomann et al. 2019).

3.4 Charakteristika des Handelns einer ASD-Fachkraft

Der ASD ist als aktiver und gestaltender Basisdienst in die grundsätzlichen fachlichen Leitlinien und Handlungsprinzipien der Kinder- und Jugendhilfe grundständig eingebunden. Zu nennen sind hier:

- Alltagorientierung: Blick auf die sozialen Bezüge, Stärken und Ressourcen von Kindern, Jugendlichen und ihren Familien;
- Partizipation: Schaffung der Möglichkeiten von Beteiligung, Mitbestimmung und Teilhabe und Stärkung der Beteiligungsfähigkeiten von Kindern, Jugendlichen und Familien. Verstärkt sind hier die Rechte von Kindern und Jugendlichen in den Blick zu nehmen und zu wahren;
- Prävention: Schaffung eines kinderfreundlichen Umfeldes und früh ansetzender niedrigschwelliger umfassender Hilfe- und Unterstützungsleistungen;
- Regionalisierung/Dezentralisierung: Schaffung und Sicherung bedarfsgerechter leicht zugänglicher Infrastruktur im Sozialraum (BMFSFJ 1990; Bundesarbeitsgemeinschaft Landesjugendämter 2023a)

Die Tätigkeit als sozialpädagogische Fachkraft im ASD kann von Fachkräften zwar als sehr befriedigend empfunden werden, wird aber auch emotional belastend erlebt. Die Konfrontation mit schweren Lebensschicksalen und Krisensituationen erfordert eine hohe psychische Belastbarkeit und professionelle Distanz. Zudem sind die Fachkräfte häufig mit hohen Fallzahlen und administrativen Aufgaben konfrontiert, was den Arbeitsalltag zusätzlich herausfordernd gestaltet (vgl. Beckmann et al. 2018).

Diese äußerst facettenreiche Tätigkeit ist gleichzeitig eine risikobehaftete Tätigkeit mit hohen Anforderungen im Hinblick auf die Prognosefähigkeit und Handlungsfähigkeit der ASD-Fachkräfte. Zudem wird die Arbeit als relativ hohe Belastung empfunden, nicht letztendlich auch dadurch, dass eine strafrechtlich relevante Verantwortlichkeit von den ASD-Fachkräften wahrgenommen wird. Im Rahmen des Merkmals des Handelns in Unsicherheit muss die ASD-Fachkraft die Fähigkeit besitzen, durch methodisch-sicheres Können diese Unsicherheiten zu bewältigen.

Die berufliche Rolle definiert sich durch

a) Aufgaben, Merkmale und auch Erwartungen, die explizit festgeschrieben sind, wie z. B. durch Gesetzestexte, Behördenstrukturen (Aufbau- und Ablauforganisation), interne Richtlinien, Verfahrensvorgaben, Kooperationspartner und Leistungsangebote, den individuellen Arbeitsplatz mit Teamstrukturen, Dienstwegen u. a.,
b) Aufgaben, Merkmale und Erwartungen, die implizit festgeschrieben sind, wie z. B. eigene Arbeitsorganisation etablieren, implizite Regeln, Abläufe und Haltungen erfassen, Erwartungen der Adressat*innen, Kooperationspartner, Arbeitskolleg*innen, Vorgesetzten u. a. erkennen

und definiert sich durch die jeweilige eigene Person mit eigenen Motivationen, Erwartungen und Ansprüchen. Daher muss sich eine ASD-Fachkraft im Rahmen ihrer beruflichen Rolle sicher sein über

- ihre eigene Motivation für das Arbeitsfeld und
- eigene Rollenerwartungen

und in der Lage und gewillt sein,

- sich selbst zu reflektieren, sich mit Kolleg*innen gemeinsam zu reflektieren,
- mutig und eifrig sein, immer wieder neue Methoden und Kenntnisse zu erwerben,
- sich weiterhin und immerwährend irritieren zu lassen (vgl. Merchel 2023a, 390 f.).

Auf den Punkt gebracht

Die ASD-Fachkräfte nehmen eine Schlüsselposition in der sozialpädagogischen Arbeit ein, welche die Unterstützung und Förderung von Kindern, Jugendlichen und deren Familien in den Mittelpunkt stellt. Fachlich-professionelles Handeln bezieht sich hier auf die Verknüpfung von sozialpädagogischem und verwaltungsspezifischem Handeln.

Die Arbeit im ASD zeichnet sich durch eine hohe Komplexität aus – sowohl im Hinblick auf die Handlungsanforderungen Fördern, Helfen und Schützen als auch durch die multidimensionalen Anforderungen an Professionelle: Sie muss fachliches Handeln zwischen diesen unterschiedlichen Interventionsformen sicherstellen und gleichzeitig mit vielen Ambivalenzen umgehen. Dabei hilft die eigene Rollenklarheit und die Klarheit über die eigene Motivation, in diesem Handlungsfeld zu arbeiten.

Reflexionsfragen

- Welche Spannungsfelder und Ambivalenzen existieren für eine Fachkraft im ASD?
- Welche Herausforderungen sehen Sie in der Wahrnehmung der unterschiedlichen Rollen als ASD-Fachkraft?
- Möchten Sie im ASD arbeiten? Wenn ja, warum?

Grundlegende Standardwerke

Merchel, Joachim (2023) (Hrsg.): Handbuch Allgemeiner Sozialer Dienst (ASD) (4. Auflage). München: Ernst Reinhard Verlag.

Hansbauer, Peter, Merchel, Joachim & Schone, Reinhold (2024): Kinder- und Jugendhilfe. Grundlagen, Handlungsfelder, professionelle Anforderungen (2., aktualisierte Auflage). Stuttgart: Kohlhammer.

Weiterführende Literatur

Heiner, Maja (2021): Soziale Arbeit als Beruf. Fälle – Felder – Fähigkeiten (2. Auflage). München und Basel: Ernst Reinhardt Verlag.

Von Spiegel, Hiltrud (2021): Methodisches Handeln in der Sozialen Arbeit. Grundlagen und Arbeitshilfe für die Praxis (7., durchgesehene Auflage). München: UTB.

4 Kernprozesse und methodische Anforderungen

☞ Überblick

Methodisches Handeln im ASD ist von der Vielfalt an Herausforderungen und der Komplexität der Aufgaben, mit denen Fachkräfte konfrontiert sind, geprägt. In diesem Kapitel werden ausgewählte Kernelemente des fachlichen Handelns und primäre methodische Anforderungen vorgestellt. Dabei wird immer auch der Bezug auf das daraus eruierende Anforderungs- und Kompetenzprofil einer ASD-Fachkraft hergestellt.

4.1 Verfahrensstandards und methodisches Handeln

Verfahrensstandards im ASD sind allgemein betrachtet festgelegte, qualitätssichernde Richtlinien und Vorgehensweisen, die die Arbeitsabläufe innerhalb des ASD im Sinne von Kernprozessen (wie z. B. Hilfeplanung ► Kap. 4.3) strukturieren und standardisieren. Sie dienen dazu, eine möglichst qualitativ hochwertige und gleichmäßige Dienstleistungsgewährung (z. B. Hilfen zur Erziehung) sicherzustellen und die ASD-Fachkräfte in ihrer Arbeit zu unterstützen. Verfahrensstandards im ASD umfassen dabei verschiedene Aspekte, wie z. B. spezifische Fallbearbeitungsprozessschritte.

Zu beachten ist, dass die Aufgaben, Aufträge und das tägliche fachliche Handeln der ASD-Fachkraft auf unterschiedlichen Handlungs- und Prozessebenen einzuordnen ist – auch hierauf muss die ASD-Fachkraft ihr fachliches Handeln ausrichten: die Ebene der Arbeit mit den Klient*-innen, die Ebene der Organisationseinheit ASD, die Ebene der Gesamtorganisation/Institution Jugendamt und letztendlich auf die Metaebene Gesetze/Normen und Gesellschaft.

- Arbeit mit Klient*innen
  - Beratung
  - Hilfeplanung
  - Leistungserbringung
- Organisation ASD
  - Konferenzen
  - Bedarfsfeststellungsverfahren
  - Kinderschutzverfahren
  - Kollegiale Beratung
  - Zusammenwirken mehrerer Fachkräfte
  - Zielvereinbarungen
  - Prozesse und Verfahren
- Institution Jugendamt
  - Leistungsbeschreibungen
  - Entgeltvereinbarungen
  - Qualitätsmanagement
  - Vernetzungen und Kooperationen
  - Vergütung
  - Spezifische Umwelt des Jugendamtes/Ort
- Gesetze/Gesellschaft
  - SGB VIII
  - KKG
  - BGB
  - GG
- Gesellschaftliche Aufträge

Methodisches Handeln im ASD bezeichnet eine zielgerichtete, bewusste und auf wissenschaftlichen Erkenntnissen sowie praktischen Erfahrungen basierende Vorgehensweise. Es ist ein systematischer Prozess, der es Fachkräften ermöglichen soll, effektiv auf die vielfältigen und oft komplexen Bedürfnisse und Problemlagen ihrer Adressat*innen zu reagieren. Diese methodische Arbeitsweise umfasst die Planung, Durchführung und Evaluation von Interventionen. Wichtige Kennzeichen methodischen Handelns im ASD sind u. a.:

- Wissenschaftliche Fundierung: Methodisches Handeln basiert auf wissenschaftlichen Theorien und Kenntnissen aus den Bereichen der Sozialarbeit, Psychologie, Soziologie, Pädagogik und weiteren relevanten Disziplinen.
- Zielorientierung: Die Arbeit ist zielorientiert, wobei die Ziele gemeinsam mit den Adressat*innen definiert werden. Teil der methodischen Arbeit ist es, realistische und erreichbare Ziele zu setzen und die erforderlichen Schritte zu deren Erreichung zu planen.
- Individualisierung: Jeder Fall wird als einzigartig betrachtet. Methodisches Handeln erfordert eine individuelle Fallanalyse und eine darauf abgestimmte Intervention, die den besonderen Bedürfnissen und der spezifischen Situation der Klienten gerecht wird.
- Prozessorientierung: Methodisches Handeln ist ein dynamischer Prozess, der Flexibilität und Anpassungsfähigkeit erfordert. Dies beinhaltet regelmäßige Evaluationen und die Bereitschaft, Interventionen anzupassen, wenn sich die Bedürfnisse der Klienten oder die Rahmenbedingungen ändern. (Vgl. Heiner 2018, von Spiegel 2021)

Galuske und Müller (2012) sprechen in diesem Zusammenhang von der »strukturierten Offenheit« und meinen, dass die Methoden der Sozialen Arbeit einerseits mit einem Wissen um Phasen sowie Prozesse und andererseits mit der situativen Offenheit (Flexibilität in der Anwendung ebendieser Methoden) in der Arbeit mit den Klient*innen selbst gekennzeichnet sind (Galuske & Müller 2012). Methodisches Handeln im ASD dient somit der qualifizierten, ethisch reflektierten und effektiven Unterstützung von Menschen in unterschiedlichsten Lebenslagen und Krisen, mit dem Ziel, ihre Lebensqualität zu verbessern und sie in die Lage zu versetzen, ihre Angelegenheiten selbstständig und selbstbestimmt zu managen. Methodisches Handeln in der Sozialen Arbeit und auch im ASD ist aber auch immer *eklektisches Handeln.*

Eklektisches Handeln

Eklektisches Handeln bedeutet die flexible, gezielte und reflektierte Integration und Anwendung verschiedener theoretischer Ansätze und Methoden aus unterschiedlichen wissenschaftlichen Disziplinen und praktischen Erfahrungen, um auf die spezifischen Bedürfnisse und Situationen der Kinder, Jugendlichen und Familien individuell eingehen zu können. Im Kontext der Sozialen Arbeit bezieht sich dies auf den Prozess der Auswahl und Kombination von Elementen aus verschiedenen Theorien und Methoden, um die effektivste Unterstützung und Intervention bereitzustellen. Kennzeichnend für eklektisches Handeln sind folgende Aspekte:

- *Individuelle Bedürfnisse:* Die Auswahl der Methoden und Theorien basiert auf einer sorgfältigen Einschätzung der individuellen Bedürfnisse, Stärken und Ressourcen der Adressat*innen sowie ihrer spezifischen Lebenskontexte.
- *Hohe und konstante Flexibilität:* Eklektisches Handeln erfordert eine flexible Herangehensweise, da die ASD-Fachkraft bereit sein muss, ihre Methoden und Ansätze anzupassen, wenn sich die Bedürfnisse der Adressat*innen oder die Umstände ändern.
- *Theoretische Vielfalt:* Ein tiefes Verständnis verschiedener Theorien und Modelle aus den Sozialwissenschaften, der Psychologie und verwandten Disziplinen bildet die Grundlage für eklektisches Handeln. Dieses Wissen ermöglicht es den ASD-Fachkräften, passende Ansätze für die jeweilige Situation auszuwählen.
- *Methodenvielfalt:* ASD-Fachkräfte nutzen ein breites Spektrum an Methoden und Techniken aus verschiedenen therapeutischen und beratenden Ansätzen, um auf die diversen Anforderungen und Ziele der Klienten einzugehen.

Eklektisches Handeln setzt eine hohe Kompetenz und Erfahrung seitens der ASD-Fachkräfte voraus, da sie fundierte Entscheidungen in jedem Einzelfall darüber treffen müssen, welche Kombination von Ansätzen in einer gegebenen Situation am effektivsten ist. (Vgl. Heiner 2018, von Spiegel 2021)

Das bedeutet letztendlich auch, dass im ASD ein ausschließlich technokratisches Verständnis im Sinne eines situations- und einzelfallunabhängigen Anwendens standardisierter Methoden und Verfahren wenig sinnvoll erscheint. Strukturen, Verfahren und Vorgaben – auch methodischer Art – geben Orientierung und Sicherheit. Gerade unter Berücksichtigung des konstituierenden Merkmals »Handeln in Unsicherheit« (▶ Kap. 3.3) ist hier der Wunsch nach Verfahrensstandards groß, offerieren sie doch Struktur und eine vermeintlich hundertprozentige Handlungssicherheit im Rahmen der sozialpädagogischen Arbeit im komplexen Handlungsfeld ASD. Aber: Es gibt keine vollkommene Sicherheit und Vorhersagbarkeit in Bezug auf die adressat*innen- und fallspezifische Zielerreichung bei der Anwendung bestimmter Methoden und Prozesse, es kann aber durch Verfahrensstandards und durch die Anwendung fachlicher Methoden das eigene fachliche Handeln abgesichert, fachlich begründet werden und überprüfbar sein. Strukturierte Offenheit bedeutet demnach, dass die Methoden der Sozialen Arbeit einerseits mit einem Wissen um Phasen sowie Prozesse und andererseits mit der situativen Offenheit in der Arbeit selbst gekennzeichnet sind (Galuske & Müller 2012, 607).

Daraus abzuleitende Konsequenzen für die Handlungsebene der ASD-Fachkraft sind daher

- die umfängliche Akzeptanz der strukturierten Offenheit und die Alltagsoffenheit,
- die Bewusstheit über den hypothetischen Charakter des Erklärens und Handelns,
- die Notwendigkeit der Verfahrens- und Ergebnisoffenheit und
- der Wille und die Fähigkeit zu Partizipation, Transparenz, Kooperation und Reflexion.

4.2 Fallverstehen und Diagnostik

In diesem Lehrbuch wird eine explizit sozialpädagogische Perspektive in Anlehnung an Ader und Schrapper (2020) eingenommen. Im Kontext des Fallverstehens und der sozialpädagogischen Diagnostik geht es darum, den Eigensinn, die Widersprüche, Spannungen und eventuelle Brüche in Lebens und Lerngeschichten von Menschen in ihrem eigenen subjektiven Sinn zu entschlüsseln. Ferner muss das Handeln und die Vorstellungen der Menschen/des jeweiligen Menschen hinsichtlich der dahinterliegenden Erfahrungen und verinnerlichten Handlungsmuster verstanden werden. Es geht somit um die disziplinäre Anstrengung, Prozesse der Versorgung, Erziehung und (Selbst -)Bildung zu durchblicken und zu verstehen. Man ist von der Frage nach dem Sinn und der Funktion geleitet, die ein (als auffällig) wahrgenommenes Verhalten in der Lebensgeschichte der einzelnen Familienmitglieder hat, mit dem Ziel, komplexe und mehrdeutige Lebenssituationen von Kindern, Jugendlichen und ihren Familien fachlich einzuschätzen.

Daher sind die ASD-Fachkräfte zwingend auf einen respektvollen Dialog und die Mitwirkung der Menschen angewiesen. Zu beachten ist allerdings, dass sozialpädagogisches Verstehen immer im Kontext der beiden wirkmächtigen (Einfluss-)Faktoren dynamisches Beziehungsgeschehen und institutioneller Kontext einzuordnen ist (siehe unten Exkurs). Die ASD-Fachkraft agiert somit auf der einen Seite im Rahmen eines Verstehensprozesses, der auf Basis eines Dialoges mit sämtlichen Familienmitgliedern und weiteren Beteiligten beruht. Voraussetzung hierfür ist die Wertschätzung gegenüber den Beteiligten, Empathie und die eigene Zurücknahme subjektiver, persönlicher Sichtweisen. Auf der anderen Seite muss die ASD-Fachkraft die Fähigkeit besitzen, eine distanzierte Position zum Fallgeschehen einzunehmen, um fachlich abwägen und bewerten zu können. Die Voraussetzungen hierfür sind ein fachliches Reflexionsvermögen, die Fähigkeit, eine gewisse Distanz aufzubauen, und der Rückgriff auf fachliches Wissen. Als zentrale Handlungskompetenzen gelten demnach die Fähigkeit zur analytischen (Selbst-)Reflexion und dialektischen Denkens plus die Fähigkeit zur Gestaltung kommunikativer, dialogischer Situationen.

Exkurs: Was ist ein »Fall«? Oder besser: »Wodurch wird ein Fall zum Fall?«

Die theoretische Diskussion um den Fallbegriff ist in der Sozialen Arbeit traditionsreich und strittig (Ader & Schrapper 2021). Es existiert nicht der objektiv darzustellende »Fall«. Gegenstand jeglicher Fallarbeit ist immer der andere Mensch, das Gegenüber in seiner/ihrer Eigen-Sinnigkeit, seinem/ihren Gewordensein und individuellen Lebenskontexten. Das verlangt in der Zusammenarbeit einen respektvollen Umgang mit den Menschen und ihren Lebensgeschichten. Die abstrakte Bezeichnung »Fall« darf nicht mit dem Menschen gleichgesetzt werden. Von daher muss vielmehr gefragt werden, so Heiner (2012): »Wodurch wird ein Fall zum Fall?«

»Damit wird bereits ausgedrückt, dass ein Fall in einem Prozess entsteht und das Produkt bestimmter Akteure ist, die unter bestimmten Umständen gehandelt haben und darüber [aus ihrer jeweiligen professionellen Perspektive, Ergänzung durch Verfasserin] berichten, oder über deren Handeln berichtet wird. [...] Professionelles Fallverstehen im Rahmen einer systematisch betriebenen Kasuistik verlangt von daher immer auch eine Rekonstruktion der Entstehungsgeschichte und Handlungsbedingungen der Fallkonstitution.« (Ebd., 201)

Ergo handelt es sich um ein einmaliges Beziehungsgeschehen zwischen Professionellen und Klient*innen, welches durch den professionellen Auftrag, ein Handlungsmandat und eine spezifische organisationale Rahmung gerahmt ist, d. h., der »Fall« wird immer durch ein Interaktionsgeschehen mit all seinen Dynamiken, Wechselwirkungen und Emotionen zwischen allen Beteiligten konstruiert. (Vgl. u. a. Ader & Schrapper 2020, Müller 2017)

Ader und Schrapper (2020) greifen hier auf einen erweiterten Fallbegriff zurück: Der Fall konstituiert sich in einem Dreieck aus Biografie, institutionellem Kontext und professionellem Handeln der sozialpädagogischen Fachkraft innerhalb dieses Dreieckes – Fallverstehen richtet sich demnach auf die Klient*innen, das Hilfesystem und die Interaktionsdynamiken zwischen ihnen. Sozialpädagogisches Fallverstehen ist folglich zusammengefasst »ein systematischer, methodisch planvoller Erkenntnis und Verstehensprozess« (Ader & Schrapper 2021) mit dem Ziel, »vielschichtige und immer mehrdeutige Lebenssituationen von […] [Klient*innen; Einfügung durch Verfasserin] fachlich einzuschätzen.« (ebd.) Sozialpädagogisches Fallverstehen, so Uhlendorff (2022), ist somit ein ko-konstruktivistischer methodengeleiteter Prozess, der sich zwischen ausgebildeten Fachkräften und Klient*innen vollzieht.

4.2.1 Rahmenkonzept nach Ader und Schrapper

Grundlegende Fragen und Inhalte in der Hilfeplanung nach § 36 SGB VIII (► Kap. 4.3) im Rahmen der Klärung der Tatbestandsvoraussetzung sind:

- Liegt ein erzieherischer Bedarf vor?
- Welche Hilfe(n) ist bzw. sind geeignet und notwendig?

Um diese Fragen beantworten zu können, muss die ASD-Fachkraft eine Reihe von Informationen und Sichtweisen einholen, eigene Beobachtungen vornehmen etc.

Es geht also immer um das Verstehen von sehr komplexen (Lebens-) Zusammenhängen, nämlich das Chaos des wirklichen Lebens (► Abb. 14). Beobachtungs- und Bewertungskriterien etc. dienen dazu, eine analytische Trennung und Systematisierung der unsortierten chaotischen komplexen Lebenszusammenhänge vorzunehmen. Sie lenken den Blick, dienen als Lupe, bieten Orientierung und Bewertungsgrundlagen. Sie unterstützen dabei, einen fachlich vermeintlich objektiv-distanzierten Blick auf den Fall in all seiner Eigenart und Komplexität einzunehmen.

Ader und Schrapper schlagen ein Vorgehen als Dreischritt vor, wobei zu beachten ist, dass die Phasen voneinander zu trennen sind.

Phase 1: Wahrnehmen, Beobachten und Informationen sammeln

Die sozialpädagogische Fachkraft soll hier relativ neutral und objektiv die Situation der Adressat*innen erfassen, d.h. keinerlei Bewertung der Sachverhalte vornehmen. Der dahinterliegende Anspruch der Fachkraft soll eine Ganzheitlichkeit sein, wobei man sich nicht einseitig orientiert, sondern breit sowohl auf Stärken und Schwächen sowie Bedarfe und Potenziale der Beteiligten konzentriert.

Phase 2: Verstehen, Erklären und Bewerten von Lebenssituationen von Kindern, Jugendlichen und Eltern

Im Fokus stehen hier die bewusste Herbeiführung von Perspektivwechsel im Fall. Hier sollen nicht nur die Sichtweisen der Fachkräfte, sondern auch die der Adressat*innen eruiert und eingefordert werden. Es geht darum, die Dinge offen zur Sprache bringen zu können und auch etwaige Widersprüche offenzulegen.

Im Rahmen dieses methodischen Zugangs zum Fall hilft eine Orientierung an folgenden Einordnungen bzw. Zuordnungen, um eine gewisse Systematik im Fallverstehen zu erhalten:

1. Welche Daten und Fakten geben Auskunft über Lebenslagen und Lebensereignisse?
2. Wie sehen und verstehen Adressat*innen selbst ihre aktuelle Situation? Was wünschen was befürchten sie?
3. Welche Erfahrungen haben die Adressat*innen mit bisherigen Hilfen?

Aus diesen drei systematisierende Fragen heraus ergeben sich folgende Aufgaben, Aufträge und Vorhaben für die Fachkraft.

Tab. 2: Strukturierte Zugänge zum Fall nach Ader & Schrapper 2021

(1) Systematische und Problembezogene Informationssammlung und -verarbeitung	**(2) Rekonstruktion biografischer Strategien, Muster und Ressourcen**	(3) Analyse von Dynamiken in und zwischen Hilfe- und Adressat*innensystem
Lebenslagen Biografie Lebensereignisse (Wissens-)Lücken	Erfahrungen und Deutungen der Adressat*innen	Maßnahmen Übergänge Lücken Wendepunkte

Tab. 2: Strukturierte Zugänge zum Fall nach Ader & Schrapper 2021 – Fortsetzung

(1) Systematische und Problembezogene Informationssammlung und -verarbeitung	(2) Rekonstruktion biografischer Strategien, Muster und Ressourcen	(3) Analyse von Dynamiken in und zwischen Hilfe- und Adressat*innensystem
Ressourcen Gefährdungen Aufträge Erwartungen	Einschätzungen von Beteiligten und weiterer relevanter Personen	Erfolge Misserfolg

Es muss eine systematische Sammlung und Verarbeitung verfügbarer Daten und Fakten inkl. der Wahrnehmungen Dritter vorgenommen werden. Hierbei greift die Fachkraft auf unterschiedliche schriftliche und mündliche Informationen zurück. An dieser Stelle ist wichtig zu betonen, dass die Fachkraft nicht dem Anspruch unterliegen darf, eine lückenlose Sammlung von Daten für die Rekonstruktion der Biografie, des Lebenslaufs zusammenzustellen. Das ist schier unmöglich. Zumal die reine Anamnesephase im Rahmen einer Einzelfallberatung und Hilfe zwar im Phasenmodell abgeschlossen erscheint, muss doch die Fachkraft wissen, dass sich die Informationen und Inhalte zum Fall immer in einem historischen Moment bewegen. Im Laufe der Zusammenarbeit mit den Adressat*innen werden weitere Informationen eingeholt, veränderte Sichtweisen wahrgenommen, Wissenslücken geschlossen oder aber es müssen auch bisherige Wahrheiten als zweifelhaft oder sogar obsolet eingestuft werden. Mögliche Instrumente und Methoden, auf die die Fachkraft zurückgreifen kann, sind u. a. Genogramme, Ressourcen- oder Netzwerkkarten (► Kap. 4.2.2).

Ergänzt werden müssen diese Daten und Fakten durch Erfahrungen und Deutungen der Menschen, um die es geht. Die Adressat*innen haben hier die Möglichkeit, die Fakten, die die Fachkraft gesammelt hat, einzuordnen, ihre Sichtweise selbst darzustellen, um der fallverstehenden Fachkraft hier einen originären Perspektivwechsel zu ermöglichen. Von daher ist es auch wichtig, den Adressat*innen Raum für Erzählungen zu lassen und hier nicht im reinen Abfrage- und Ausfragemodus vorzugehen.

Nur so kann die Fachkraft den Sinn hinter den jeweiligen Strategien der Adressat*innen verstehen. Instrumente, Methoden und Zugänge sind hier u. a. der Hausbesuch, das Gespräch an lebensweltorientierten Orten unter Berücksichtigung der Sprache und Ausdrucksmöglichkeiten der Adressat*innen. Im Rahmen der Fallarbeit ist zu beachten, dass der Fall auch immer im Kontext von beteiligten professionellen Angeboten und Unterstützungsleistungen konstruiert wird. Daher muss in einem weiteren Schritt auch eine kritische (Selbst-)Reflexion des Hilfesystems und die meist unverstandene Verquickung von Hilfe- und Lebensgeschichte in einem Fall herausgearbeitet werden, z. B. im Sinne der Rekonstruktion einer Hilfebiografie parallel zur Anamnese. Das heißt, es findet eine Aufdeckung von Stationen, Diagnostiken, Interventionen, Konflikten, Brüchen, Abbrüchen, Wiederholungsschleifen, Erfolgen und Misserfolgen im Kontext der bisherigen Hilfearrangements statt. Instrumente und Ansätze sind hier vornehmlich eine tabellarische Gegenüberstellung von Lebensgeschichte und Helfergeschichte. (Vgl. Ader & Schrapper 2020)

Hier ist es notwendig, ein »Vorsicht« zu formulieren: Vor dem Hintergrund des Fallverständnisses (Exkurs: Was ist ein »Fall«? ► Kap. 4.2) ist an dieser Stelle anzumerken, dass berücksichtigt werden muss, dass sämtliche gesammelten Fakten und Daten (Schriftstücke, Gutachten, Aktennotizen, Vermerke, Gesprächsnotizen etc.) immer rekonstruktive Wiedergaben von Sachverhalten aus der Sicht Dritter mit einer eigenen beruflichen und persönlichen Sichtweise, aus einem bestimmten professionellen Selbstverständnis heraus formulierte Bewertung, Interpretation und Empfehlung sind. Dies muss die fallverstehende Fachkraft in der Datensammlung, aber vor allem in der Annahme von vermeintlichen Fakten für die eigene Interpretation und Interventionsempfehlung immer berücksichtigen.

Phase 3: Schlussfolgern im Sinne von Prognosenbildung und Einschätzung von Möglichkeiten und Grenzen der zur Verfügung stehenden Hilfen

Hier wird primär auf Grundlage der zuvor erhobenen Informationen etc. die Entwicklung von Hypothesen (z. B. über Zusammenhänge) vorgenommen und entsprechende Handlungsoptionen für Eltern, Kinder und Jugendliche erschlossen. Denn es bleibt ja beim Fallverstehen nicht bei einer bloßen erkenntnisleitenden Perspektive. Laut Uhlendorff (2022) sollen letztendlich auf dieser Grundlage Lösungswege entwickelt werden, wie die vorhandenen Herausforderungen und Probleme kurz- oder langfristig bewältigt werden können (vgl. Uhlendorff 2022, 18). Die Fachkraft gibt hier ihre sozialpädagogische Sichtweise wieder (Bewertung, Interpretation und Interventionsnotwendigkeiten) und setzt sich im Rahmen der Hypothesenbildung bewusst auch in Teilen mit schwierigen Sichtweisen und Erkenntnissen auseinander, um ein möglichst breites Wahrnehmungsspektrum zugrunde liegen zu haben. Dabei wird dann auch ausdifferenziert, wer von allen Beteiligten was zur Problemlösung beitragen kann.

Zu beachten ist ferner, dass sowohl jegliche Interpretationen, Hypothesen und Bewertungen als auch die abgeleiteten Interventionen sich immer auf einen historischen Moment der Informationssammlung beziehen. Das heißt im Umkehrschluss auch, dass im Rahmen der weiteren Zusammenarbeit mit den Adressat*innen und durch den damit einhergehenden Erhalt von weiteren Informationen stets eine Überprüfung der fachlichen Bewertung und Intervention im Rahmen der Reflexion und Evaluation (Fallberatungen, Hilfeplanfortschreibungen etc.) vorzunehmen ist. Neue Informationen, neue Fakten führen zu einer möglichen neuen Bewertung der Lage und ergo zu einer Neuausrichtung der bisherigen Hilfearrangements.

Diese skizzierte sozialpädagogische Diagnostik (▶ Abb. 15) gilt als wesentlicher Gelingensfaktor für eine wirksame und erfolgreiche Hilfe. Fallverstehen und Diagnostik sind gut, wenn sie partizipativ und dialogisch, prozessorientiert, multiperspektivisch, reflexiv, sozialökologisch/mehrdimensional, ressourcenorientiert, transparent, nachvollziehbar sowie schriftlich gestaltet werden. Gutes Fallverstehen und eine theoriegeleitete Diagnostik umfasst die Fähigkeit des Einsatzes verschiedener Instrumente und Methoden (z. B. Beratungsmethoden) und basiert auf einem reichhaltigen Wissensstand z. B. in Entwicklungspsychologie, Bindungstheorien, Pädagogik oder Heilpädagogik. (Vgl. Ader & Schrapper 2022, LAG LJA 2023b)

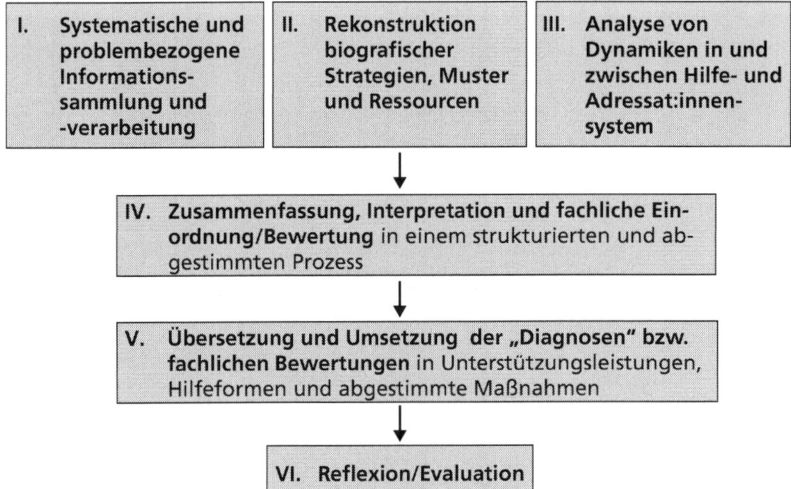

Abb. 15: Schematische Darstellung des Rahmenkonzepts nach Ader & Schrapper 2021

4.2.2 Beispielhafte Instrumente

Genogramme

Genogramme ermöglichen eine übersichtliche Darstellung von (Familien-)Systemen und werden zur Veranschaulichung ebendieser Systeme verwendet. Sie ermöglichen es, Fachkräften im Team, z.B. im Rahmen einer Fallvorstellung im Rahmen einer kollegialen Beratung, schnell einen Überblick über das Familiensystem zu erhalten. Verwendet wird eine Zeichensprache, für die sich verschiedene Symbole etabliert haben (beispielhafte Genogrammzeichen ▶ Abb. 16). Es werden meist mehrere Generationen abgebildet, man beginnt beim Zeichnen unten am Blattrand mit der jüngsten bzw. den Kinder des Familiensystems, in dem man tätig ist. Neben den Namen, der Geburtsdaten, Daten von Partnerschaften, Heirat und Trennung, können auch andere Attribute wie z.B. Wohnorte, Berufe, Krankheiten, wer zusammen in einem Haushalt lebt. Darüber hinaus werden durch Verbindungslinien zwischen den Symbolen Beziehungen, Verbindungen und deren Intensitäten eingezeichnet. (Schweitzer & Schlippe 2016)

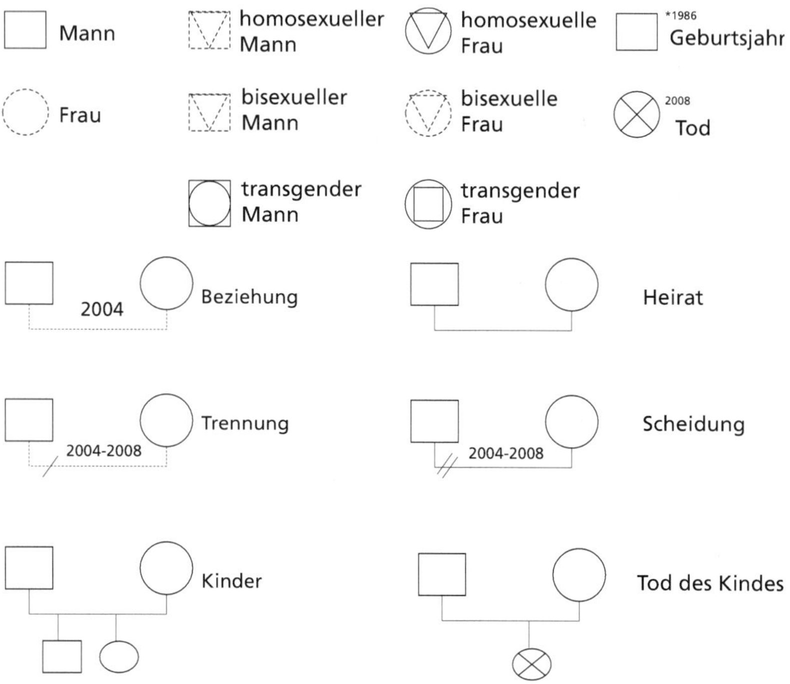

Mann
homosexueller Mann
homosexuelle Frau
*1986 Geburtsjahr
Frau
bisexueller Mann
bisexuelle Frau
2008 Tod
transgender Mann
transgender Frau
2004 Beziehung
Heirat
2004-2008 Trennung
2004-2008 Scheidung
Kinder
Tod des Kindes

Abb. 16: Beispielhafte Genogrammzeichen

Chronologie der Familien-/Lebensgeschichte und der Helfergeschichte

Zur systematischen Informationssammlung kann eine Auflistung sowohl auf die jeweilige Lebens- bzw. Familiengeschichte als auch die bisher angebotenen und angenommen Hilfe- und Unterstützungsleistungen vorgenommen werden (► Tab. 3). Gleichzeitig ist hier auch eine Bezugnahme der beiden chronologischen Stränge aufeinander sinnvoll, da hierdurch bestimmte Schlüsselmomente wie z. B. Wechsel von Fachkräften oder Mechanismen, etwa Abbrüche von Hilfen zu bestimmten Zeitpunkten, identifiziert werden können.

Tab. 3: Chronologietabelle, in Anlehnung an Ader & Schrapper 2020

Zeit/Datum	Familiengeschichte/Lebensgeschichte	Helfergeschichte

Ressourcenkarte

Die Ressourcenkarte ermöglicht den Blick auf die Ressourcen und Stärken (▶ Abb. 17). Im Rahmen der Falldiagnostik kann diese Karte durch die ASD-Fachkraft ausgefüllt oder auch in Gespräche mit den Kindern, Jugendlichen und Eltern/Elternteilen eingesetzt werden.

Netzwerkkarte

Für die Eruierung und Darstellung sozialer Beziehungen kann eine Netzwerkkarte eingesetzt und genutzt werden (▶ Abb. 18, ▶ Abb. 19). Die »Ankerperson« steht in der Mitte, sie erhält eine konkrete Frage zum Ausfüllen der Netzwerkkarte, wie z. B.: »Wenn Du ein Problem hast, zu wem kannst Du gehen?« Die befragte Person füllt die Netzwerkkarte mit Personen, Institutionen etc. aus und kann auch bei Bedarf Ergänzungen zu den einzelnen Beziehungen der gezeichneten Personen vornehmen.

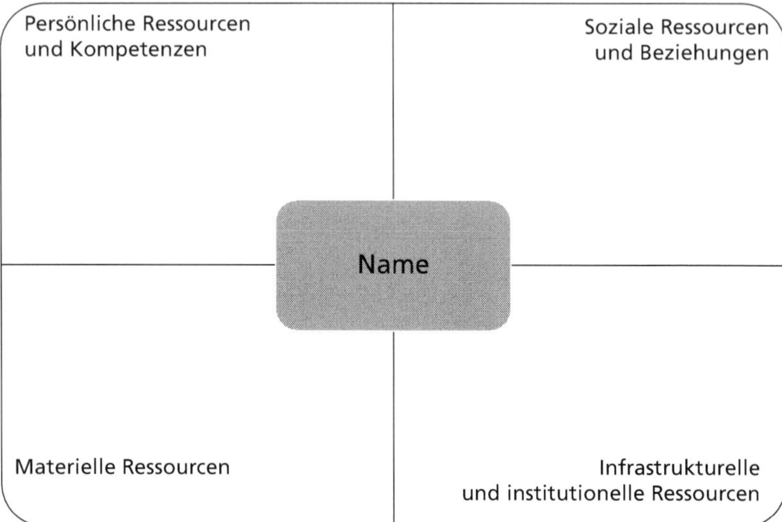

Abb. 17: Ressourcenkarte (in Anlehnung an Ader & Schrapper 2020)

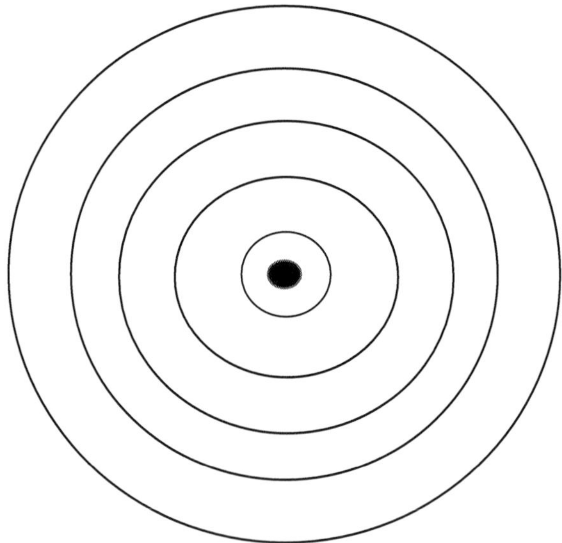

Abb. 18: Einfache Netzwerkkarte

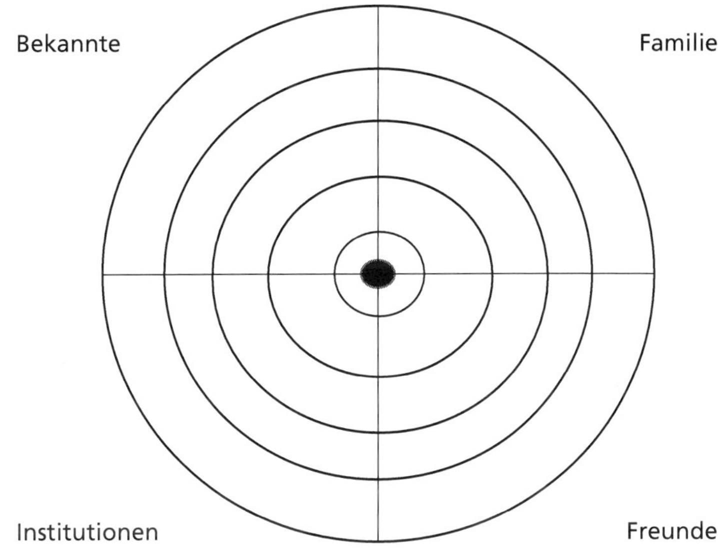

Abb. 19: Vorstrukturierte Netzwerkkarte

4.3 Hilfeplanung als Schlüsselprozess

Hilfeplanung (HP) ist ein Verfahren zur Prüfung, Präzisierung und Festlegung sozialrechtlicher Leistungsansprüche auf HzE nach § 27 SGB VIII. Gleichzeitig ist es ein sozialpädagogischer Aushandlungs- und Entscheidungsprozess zwischen den Adressat*innen (Kindern, Jugendlichen, Eltern bzw. Personensorgeberechtigte), dem öffentlichen Träger (ASD) und dem Hilfeerbringer (freier Träger). Mit Bezug auf die grundlegende Konstituierung und Charakteristik der Hilfeplanung und der beteiligten Akteur*innen muss man von einem Spannungsfeld bei ungleicher Interessenslage ausgehen. Zuvorderst: HzE sind dann angedacht, wenn ein Problem vorliegt (▶ Kap. 3.1). Dementsprechend wird im Rahmen der Hilfeplanung in der Regel eine angespannte Situation in den

Familien vorherrschen und höchstwahrscheinlich Schwierigkeiten oder auch Konflikte zwischen einzelnen Familienmitgliedern bestehen. Hinzu kommen im Rahmen der beteiligten Akteure die ASD-Fachkraft und weitere Professionelle, z. B. Mitarbeitende des freien Trägers als Leistungserbringer mit ihren jeweiligen Sichtweisen und (gesetzlichen) Aufträgen und fachlichen Anforderungen und Ansprüchen. Am Hilfeplanverfahren sind demnach (zu unterschiedlichen Zeitpunkten) verschiedene Personen beteiligt oder zu beteiligen (▶ Abb. 20).

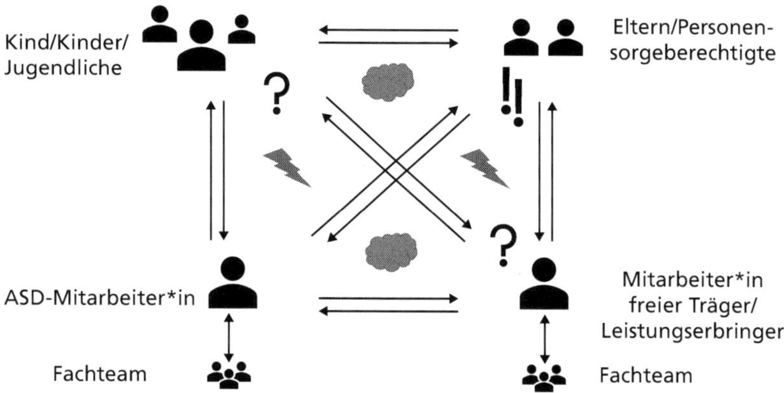

Abb. 20: Beteiligte an der Hilfeplanung

Die grundsätzliche Herausforderung ist es, dass unterschiedliche Akteure im HP-Prozess mit unterschiedlichen Sichtweisen in Bezug auf die Problemakzeptanz (Sehen die Kinder, die Jugendlichen und die Eltern überhaupt selbst ein Problem? Und wenn ja, wie bewerten sie das Problem? Welche Problemdefinition nehmen die Fachkräfte vor?), der Problemkongruenz (Stimmen alle in der Problembeschreibung überein?) und der Hilfeakzeptanz (Sind alle Beteiligten bereit, die Hilfeangebote, die beratschlagt und anvisiert werden, auch tatsächlich anzunehmen? Wollen sie sie nutzen? Wozu sind sie bereit?) ergeben. Dieses Akteursfeld zeichnet sich demnach durch eine Reihe von Ambivalenzen und Spannungen aus. In diesem Konglomerat soll dann eine HzE als pädagogische zielgerichtete Intervention ausgehandelt und ausgestaltet werden: mit dem Verfahren der Hilfeplanung. (Vgl. Kinderschutz-Zentren Berlin 2009)

4.3.1 Verfahrensstandards und fachliche Anforderungen

Zweck des Hilfeplanverfahrens

Die *Hilfeplanung* ist ein Oberbegriff für die vorgegebenen Elemente und Verfahrensgrundsätze des Hilfeprozesses nach § 36 SGB VIII als Gesamtprozess. Sie beginnt, sobald Leistungsberechtigte äußern, dass sie Hilfe wünschen. Primär geht es um die jeweiligen aufeinanderfolgenden Prozessschritte Beratung, Beteiligung, Bedarfsfeststellung, Aufstellung des Hilfeplans und Beendigung der Hilfe. Das *Hilfeplanverfahren* bezieht sich auf die konkrete methodische Umsetzung: Hier stehen die Klärung des Hilfebedarfs, die Planung der Hilfe und die Überprüfung im Hinblick auf die Fortschreibung oder Beendigung der Hilfe. Mit *Hilfeplan* wird das Protokoll des Hilfeplangesprächs gemeint, hier geht es um die Dokumentation im Hinblick auf die Beteiligungsformen und -möglichkeiten, die Problemfelder, Lösungsansätze, Ziele, Handlungsschritte. Gleichzeitig dient der Hilfeplan auch als Kontrolle und zur Überprüfung der Fortschreibungsmodalitäten und erforderlicher Nachjustierungen. (Vgl. auch BAG LJA 2023b)

§ 36 SGB VIII Mitwirkung, Hilfeplan

(1) Der Personensorgeberechtigte und das Kind oder der Jugendliche sind vor der Entscheidung über die Inanspruchnahme einer Hilfe und vor einer notwendigen Änderung von Art und Umfang der Hilfe zu beraten und auf die möglichen Folgen für die Entwicklung des Kindes oder des Jugendlichen hinzuweisen. Es ist sicherzustellen, dass Beratung und Aufklärung nach Satz 1 in einer für den Personensorgeberechtigten und das Kind oder den Jugendlichen verständlichen, nachvollziehbaren und wahrnehmbaren Form erfolgen.

(2) Die Entscheidung über die im Einzelfall angezeigte Hilfeart soll, wenn Hilfe voraussichtlich für längere Zeit zu leisten ist, im Zusammenwirken mehrerer Fachkräfte getroffen werden. Als Grundlage für die Ausgestaltung der Hilfe sollen sie zusammen mit dem Personensorgeberechtigten und dem Kind oder dem Jugendlichen einen Hilfeplan aufstellen, der Feststellungen über den Bedarf, die zu gewährende Art der Hilfe sowie die notwendigen Leistungen enthält; sie sollen regelmäßig prüfen, ob die gewählte Hilfeart weiterhin geeignet und notwendig ist. Hat das Kind oder der Jugendliche ein oder mehrere Geschwister, so soll der Geschwisterbeziehung bei der Aufstellung und Überprüfung des Hilfeplans sowie bei der Durchführung der Hilfe Rechnung getragen werden.

(3) Werden bei der Durchführung der Hilfe andere Personen, Dienste oder Einrichtungen tätig, so sind sie oder deren Mitarbeiterinnen und Mitarbeiter an der Aufstellung des Hilfeplans und seiner Überprüfung zu beteiligen. Soweit dies zur Feststellung des Bedarfs, der zu gewährenden Art der Hilfe oder der notwendigen Leistungen nach Inhalt, Umfang und Dauer erforderlich ist, sollen öffentliche Stellen, insbesondere andere Sozialleistungsträger, Rehabilitationsträger oder die Schule beteiligt werden. Gewährt der Träger der öffentlichen Jugendhilfe Leistungen zur Teilhabe, sind die Vorschriften zum Verfahren bei einer Mehrheit von Rehabilitationsträgern nach dem Neunten Buch zu beachten.

(4) Erscheinen Hilfen nach § 35a erforderlich, so soll bei der Aufstellung und Änderung des Hilfeplans sowie bei der Durchführung der Hilfe die Person, die eine Stellungnahme nach § 35a Abs. 1a abgegeben hat, beteiligt werden.

(5) Soweit dies zur Feststellung des Bedarfs, der zu gewährenden Art der Hilfe oder der notwendigen Leistungen nach Inhalt, Umfang und Dauer erforderlich ist und dadurch der Hilfezweck nicht in Frage gestellt wird, sollen Eltern, die nicht personensorgeberechtigt sind, an der Aufstellung des Hilfeplans und seiner Überprüfung beteiligt werden; die Entscheidung, ob, wie und in welchem Umfang deren Beteiligung erfolgt, soll im Zusammenwirken mehrerer

Fachkräfte unter Berücksichtigung der Willensäußerung und der Interessen des Kindes oder Jugendlichen sowie der Willensäußerung des Personensorgeberechtigten getroffen werden.

Die Hilfeplanung nach § 36 SGB VIII ist als ein gesetzlicher Entscheidungsvorgang zur Konstituierung eines Rechtsanspruches auf HzE gemäß § 27, 35a und 41 SGB VIII gefasst. In Abs. 1 wird deutlich, dass ein Rechtsanspruch besteht, »wenn eine dem Wohl des Kindes oder Jugendlichen entsprechende Erziehung nicht gewährleistet ist« *und* »die Hilfe für seine Entwicklung geeignet und notwendig ist.«

Das heißt, dass zwei Entscheidungen getroffen werden müssen:

1. Die erste Entscheidung muss eine Antwort auf die Frage »Zeigt die Lebenssituation des Kindes/der Kinder oder des*der Jugendlichen einen Hilfebedarf?« gefunden werden. Diese Entscheidung ist die Voraussetzung für das In-Gang-Setzen der Hilfeplanung nach § 36 SGB VIII.
2. Die zweite Entscheidung muss im Hinblick auf die Frage »Welche Hilfe ist für die individuelle Entwicklung die richtige?« gefällt werden. Die Bearbeitung und Entscheidung sind Gegenstände der Hilfeplanung nach § 36 SGB VIII.

Die Hilfeplanung ist somit ein Verfahren zur Entscheidung über die Frage »Welche Hilfe ist die richtige?«, welche sich *immer* auf den Einzelfall bezieht. Dies bedeutet, dass diese Frage im Rahmen einer Familie mit mehreren Kindern und Jugendlichen immer für jedes Kind einzeln gestellt und beantwortet werden muss. Auch sind zur Beantwortung dieser Frage kein Rückgriff auf allgemeingültige Indikationskataloge möglich. Wichtig ist an dieser Stelle zu betonen, dass jegliche Hilfen, die der gesamten Familie oder einzelnen Familienmitgliedern angeboten werden, die Verbesserung der Lebenssituation der Kinder/Jugendlichen zum Ziel hat, knapp gefasst: Das Kind steht im Fokus!

Die Hauptaufgaben in der Hilfeplanung sind somit zusammengefasst: Entscheidungen vorbereiten, umsetzen und kontrollieren. In der kon-

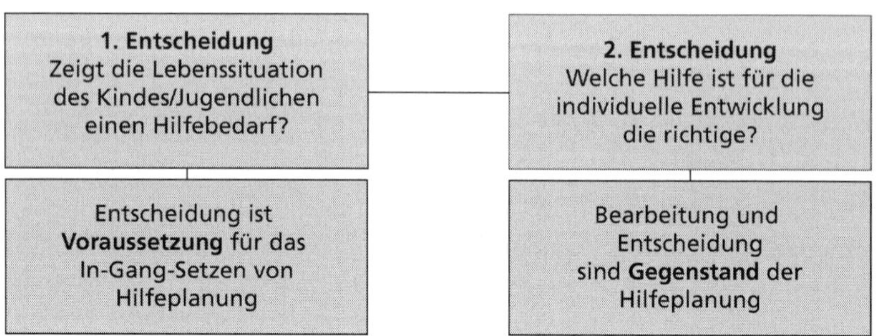

Abb. 21: Hilfeplanung als gesetzlicher Entscheidungsvorgang zur Konstituierung eines Rechtsanspruches auf HzE

kreten Ausgestaltung der Arbeitsprozesse der Hilfeplanung haben die sozialpädagogischen ASD-Fachkräfte vor allem sach- und situationsgerechte Entscheidung vorzubereiten. Hierzu müssen notwendige Fakten und Beobachtungen, verfügbare und zugleich erlaubte Informationen (unter Beachtung der Datenschutzverordnungen) sowie als solche ausdrücklich kenntlich gemachte Bewertungen dieser Fakten durch die Beteiligten selbst systematisch und möglichst vollständig gesammelt und nachvollziehbar strukturiert dokumentiert werden (Fallverstehen und Diagnostik ▶ Kap. 4.2).

Anschließend müssen diese Informationen, Fakten und Einschätzungen so aufbereitet, interpretiert und bewertet werden, dass erkennbar wird, welche Lebensumstände, Beziehungserfahrungen und Handlungspotenziale für eine gelingende Versorgung und Erziehung von Kindern bedeutsam sind, egal ob förderlich, hinderlich oder bedrohlich.

Der so verstandene individuelle Bedarf an Entlastung, Unterstützung, Hilfe oder Krisenintervention muss mit den konkret verfügbaren oder beschaffbaren Ressourcen (notwendige Hilfe) konfrontiert werden, um zu einem sowohl ausreichenden wie realistischen, weil mit allen Beteiligten abgestimmten, ausgehandelten und realisierbaren Handlungskonzept (Hilfeplan) zu kommen.

Die Leitorientierung der Fachkräfte muss vor diesem Hintergrund folglich sein:

Diejenige Hilfe ist am ehesten die richtige, die durch das richtige Verfahren zustande kommt!

Ergo muss sich die Hilfeplanung als sozialpädagogischer *Schlüsselprozess* im Rahmen der ASD-Arbeit definieren. Der § 36 SGB VIII stellt hierfür (aus rechtlicher Sicht) für die Gewährung und Durchführung von Hilfen in Belastungs-, Not- und Krisensituationen gesetzlich festgelegte Grundsätze und Verfahrensregeln im Sinne eines *richtigen Verfahrens* auf. Es enthält spezielle Vorgaben zur Beteiligung und zum Verfahren, die bei der Entscheidung über die Gewährung von Hilfen sowie über die Steuerung der andauernden Hilfen zu beachten sind. Daraus lässt sich ableiten, dass die Hilfeplanung sowohl ein administratives Verfahren als auch eine sozialpädagogische Methode ist. Die verpflichtend einzuhaltenden Verfahrensgrundsätze und fachlichen Anforderungen lauten wie folgt.

Information und Beratung von Eltern und Kindern/Jugendlichen bei der Auswahl der Hilfe und auch über mögliche Folgen

§ 36 Abs. 1 SGB VIII legt fest, dass sowohl die Personensorgeberechtigten als auch die Kinder und/oder Jugendlichen »vor der Entscheidung über die Inanspruchnahme einer Hilfe und vor einer notwendigen Änderung von Art und Umfang einer Hilfe zu beraten und auf die möglichen Folgen für die Entwicklung des Kindes oder des Jugendlichen hinzuweisen« sind.

Die fachlichen Ziele, die mit der Information und Beratung verbunden sind, sind zuvorderst die Bildung und Aufrechterhaltung der Motivation und die Förderung der Beteiligung und Mitwirkung am (weiteren) Prozess, d. h., es geht vor allem um das Empowerment der Adressat*innen. Außerdem leitet sich hieraus die Pflicht zur verständlichen Aufklärung über rechtliche und alle anderen Möglichkeiten, die das Verfahren betreffen, bspw. über das Wunsch- und Wahlrecht, über die Möglichkeit einen Anwalt hinzuzuziehen, über die einzelnen Hilfeformen und Gestaltungsmöglichkeiten der Hilfen und Zusammenarbeitskontexte im Rahmen des sozialrechtlichen Leistungsdreiecks, ab. Eine größtmögliche Transparenz schafft somit eine vertrauensvolle Basis für die (weitere) Zusammenarbeit, die Adressat*innen erleben die ASD-Fachkraft als ihnen zugewandte und durchaus klar verständliche und ehrliche Ansprechpartner*in und Fallverantwortliche*n in allen Belangen.

Partizipation und Mitwirkung

Um eine gelingende Partizipation zu gewährleisten und auch die Mitwirkungsmöglichkeiten aller Beteiligten sicherzustellen, muss die sozialpädagogische Fachkraft mindestens drei Grundsätze beherzigen (vgl. Merchel 2023b, 190 ff.):

- Transparenz herstellen und beibehalten
  Hier geht es primär um Aufklärung, Erklärung und Informationsweitergabe in einer für die jeweiligen Beteiligten verständlichen und nachvollziehbaren Weise über die zu erreichenden Ziele, die Anforderungen an das Verfahren und an die Beteiligten, den zeitlichen Rahmen, aber auch die Steuerungs- und Kontrollmodalitäten in Bezug auf die Hilfegewährung und -gestaltung durch die ASD-Fachkraft und weiterer Institutionen (z. B. freie Träger).
- einen möglichst wenig formalisierten Rahmen schaffen
  Die sozialpädagogische Fachkraft sollte keine unnötig hohen Schwellen durch Formalitäten und Vorgaben aufbauen. Hier gilt der Grundsatz: »So viel wie nötig, so wenig wie möglich.« Die Verwendung einer verständlichen Sprache, eine Beachtung der lebensweltlichen Möglichkeiten und lebenslagenspezifischen Voraussetzungen bei der Gestaltung von Gesprächen und der Auswahl von Gesprächsorten (z. B. Büro, KiTa-Beratungsraum, im Haushalt der Familie, an einem neutralen Ort wie z. B. Café, auf dem Spielplatz, damit die Kinder auch zwischendurch beschäftigt sind) sind unumgänglich.
- eine differenzierte Beteiligung der verschiedenen Familienmitglieder und weiterer Beteiligter ermöglichen
  Zu beachten sind die jeweiligen Beteiligungsmöglichkeiten und -fähigkeiten der Adressat*innen. Hier gilt es, besonders die Möglichkeiten und Fähigkeiten der Kinder alters- und entwicklungsgerecht zu berücksichtigen.

Entscheidungen im Zusammenwirken mehrerer Fachkräfte

Die Entscheidungen in komplexen und unsicheren Situationen, die Differenziertheit der Lösungsmöglichkeiten und die Komplexität der in die fachliche Beurteilung des Falles einwirkenden Faktoren erfordern für jede einzelne Fachkraft Unterstützung, Reflexion und Kontrolle. Hierfür kann auf unterschiedliche Methoden zurückgegriffen werden, z. B. Supervision oder kollegiale (Fall-)Beratung. Zumeist wird im Rahmen der Hilfeplanung die kollegiale (Fall-)Beratung angewendet. Hierfür muss zumindest in jeder wöchentlichen Teambesprechung/-sitzung Zeit für kollegiale Beratung eingeräumt werden. Darüber hinaus erfordert das Handlungsfeld ASD die uneingeschränkte Bereitschaft und Fähigkeit aller (Team-)Kolleg*innen nach Bedarf (zuweilen sehr spontan), eine kollegiale Beratung anzubieten und sich hierfür auch die Zeit zu nehmen.

Exkurs: Kollegiale Beratung

Laut Tietze (2012) ist »Kollegiale Beratung […] ein strukturiertes Beratungsgespräch in einer Gruppe in dem ein Teilnehmer von den übrigen Teilnehmern nach einem feststehenden Ablauf mit verteilen Rollen beraten wird mit dem Ziel, Lösungen für eine konkrete berufliche Schlüsselfrage zu entwickeln« (Tietze 2012, 11). Ziele der kollegialen Beratung lassen sich auf drei Ebenen verankern:

a) Verbesserung der eigenen beruflichen Praxis (z. B. Erweiterung von Handlungsoptionen, Entwicklung von abgestimmten Lösungen, Beantwortungen von Fragen, Identifizierung von Problemlösungsstrategien),
b) (Weiter-)Qualifizierung (z. B. Kompetenzerweiterung in Bezug auf Beratungs- und/oder Reflexionsfähigkeit),
c) Entlastung der fallverantwortlichen Fachkraft und
d) Teamentwicklung und -qualifizierung (z. B. Förderung des gemeinsamen Austausches und einer Teamkultur, Ermöglichung wechselseitiger Entlastung, gemeinsames Lernen, Möglichkeiten der Perspektiverweiterung).

Es geht somit darum, ein tieferes bzw. weiteres Fallverständnis zu entwickeln und entsprechende Handlungsschritte zu eruieren, den eigenen Blick auf den Fall und das eigene Handeln in dem Fall zu reflektieren. Themen der kollegialen Beratung können daher sehr vielfältig sein: Handeln der Fachkraft, Ideensammlung für mögliche und notwendige Hilfen, Interventionen und Maßnahmen, Entscheidungsfindung im Kinderschutz, fachliche Reflexion sowie eigene berufliche und/oder persönliche Haltung.

Ein strukturiertes Verfahren meint, dass es einen festen Ablauf mit einer abgestimmten Aufgaben- und Rollenverteilung (Strukturierer/Zeitwächter, falleinbringende Fachkraft und Beratungsgruppe) zugrunde liegt. Grundvoraussetzungen sind hierfür zur Verfügung stehende Ressourcen (Zeit, Ort, verlässliche Kolleg*innen), die Einhaltung des standardisierten Verfahrens und die reflexionsfreudige und kollegiale Haltung (Können *und* Wollen) aller Teammitglieder. Es existieren eine Reihe von unterschiedlichen Verfahren und Leitfäden, zuweilen adaptieren die ASD-Teams Kollegiale Beratungskonzepte und entwickeln ihren eigenen Weg, ihre eigene Struktur. Grundlegende allgemeine Phasen und Strukturmerkmale einer kollegialen Beratung (in Anlehnung an Schmid, Veith & Weidner 2023; Tietze 2012) sind in der folgenden Tabelle als Kurzversion aufgeführt (► Tab. 4).

Tab. 4: Phasen und Strukturmerkmale einer kollegialen Beratung

Phase	Ratsuchende/r	Berater*-innen-team
1. Vorbereitung	Rollenklärung und -verteilung	
2. Fallvorstellung Falldarstellung	Anliegenschilderung, Fragenformulierung	zuhören.
3. Fallverstehen/ Klärung	Beantwortung der Nachfragen	Rückfragen, Eindrücke, Assoziationen (keine Bewertungen und Lösungen)
4. Lösungsvorschläge	Zuhören	Lösungsvorschläge, Ideen, Ordnen

Tab. 4: Phasen und Strukturmerkmale einer kollegialen Beratung – Fortsetzung

Phase	Ratsuchende/r	Berater*-innen-team
5. Entscheidung	Mitteilung des Ereignisses Handlungsschritte	zuhören
6. Reflexion	Feedback an Team	Feedback an Ratsuchende/r

Aufstellen eines Hilfeplanes

Einen Hilfeplan aufzustellen, bedeutet die Anfertigung eines (meist standardisierten) Dokumentes, in dem die Feststellungen über den Bedarf, die zu gewährende Art der Hilfe und die notwendigen Leistungen festgehalten werden. Ausdifferenziert werden hier auch die individuellen Problemdefinitionen aller Beteiligten, die gemeinsam entwickelten Ziele und Perspektiven, die Entscheidung über die Art und den Umfang der Hilfe sowie die Markierung von (gemeinsamen) Planungsschritten zum Erreichen der Ziele. Grundlage für den Hilfeplan bilden die Gespräche und Absprachen zwischen den Adressat*innen, der ASD-Fachkraft und ggf. den Mitarbeitenden der freien Träger. Letztendlich wird in einem Hilfeplan die Grundlage für die Zusammenarbeit, Verbindlichkeiten und individuelle Ausgestaltung der HzE im Rahmen des sozialrechtlichen Leistungsdreiecks in Form eines Protokolls manifestiert. Das Einverständnis aller Beteiligten muss im Hilfeplanprotokoll durch Unterschrift dokumentiert sein (Kontrakt), die Information über Einspruchsmöglichkeiten muss erfolgen.

Regelmäßige Entscheidungsüberprüfung

Im Rahmen der Hilfegewährung wird dann eine regelmäßige Überprüfung des Hilfeplans vorgenommen, hier spricht man von der Fortschreibung der Hilfeplanung. In der Regel lädt hierfür die fallzuständige ASD-Fachkraft die Adressat*innen und die Mitarbeitenden des freien Trägers ca. alle sechs Monate (je nach Bedarf und Anliegen auch in kürzeren Abständen) zu einem gemeinsamen Hilfeplangespräch ein. Die Inhalte und Ergebnisse werden durch die ASD-Fachkraft festgehalten, im Anschluss von allen Beteiligten unterzeichnet und im Anschluss allen zur Verfügung gestellt.

Wenn Kinder und Jugendliche in stationären Erziehungshilfen, z. B. Wohngruppen, untergebracht sind, soll die ASD-Fachkraft die kontinuierliche Zusammenarbeit mit den Eltern herstellen und absichern (sofern hierdurch nicht das Wohl des Kindes oder Jugendlichen gefährdet ist). Dies beinhaltet u. a. die Möglichkeit zu Kontakten zwischen den Eltern und Kindern, eine weitere Unterstützung der Herkunftsfamilie zur Wiederherstellung der Erziehungsfähigkeit, mit dem Ziel, Rückkehroptionen für das Kind zu eruieren. Ferner muss die ASD-Fachkraft eine mittelfristige Klärung und Entscheidung herbeiführen, ob die Unterbringung außerhalb der Herkunftsfamilie auf Zeit oder auf Dauer erfolgt.

Beteiligung anderer Personen/Organisationen an der Hilfeplanung

Im Rahmen der Hilfeplanung arbeitet die ASD-Fachkraft in der Regel nicht nur mit den Adressat*innen zusammen bzw. tauscht sich mit ihnen aus. Schon während der Klärung des Hilfebedarfs nimmt die ASD-Fachkraft zusätzlich zur regelmäßigen Beratung im Fachteam auch – je nach Bedarf – Kontakt zu weiteren Personen, Fachkräften und Institutionen, wie z. B. Erzieher*innen der KiTa, Lehrer*innen, Beratungsstellen, Kliniken oder anderen Behörden, die in Kontakt mit den Familienmitglieder stehen, auf. Darüber hinaus können und sollen die Adressat*innen Personen, Vertraute etc. mit in die Hilfeplanung einbeziehen. Gerade im Rahmen von Gesprächen, Konferenzen etc., an denen die Adressat*innen teilnehmen, muss die ASD-Fachkraft sensibel auf eine ausgewogene Balance von anwesenden Fachkräften in Relation zu den Adressat*innen achten.

4.3.2 Ablauf der Hilfeplanung

Der Prozess der Hilfeplanung lässt sich gut strukturiert und systematisiert – hier idealtypisch aus Sicht einer ASD-Fachkraft – darstellen. Eine solche Prozessstrukturierung dient den ASD- Mitarbeitenden als auch allen weiteren Beteiligten als Orientierungshilfe in einem komplexen Verfahren, sorgt für Klarheit und Transparenz und ermöglicht im Rahmen der Qualitätssicherung die Reflexion und Evaluation des gesamten Prozesses oder einzelner Prozessschritte.

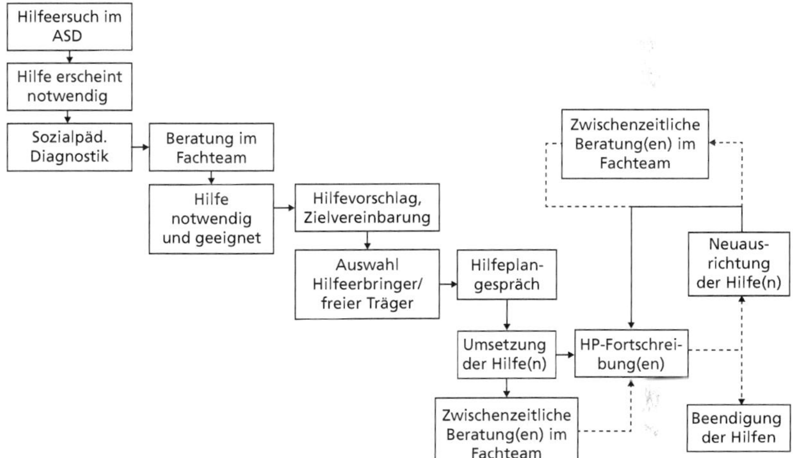

Abb. 22: Prozessschritte der Hilfeplanung (in Anlehnung an BAG LJA 2023b)

Die ASD-Fachkraft hat im Rahmen ihrer Fallverantwortung diesen Prozess zu steuern. Dabei sind neben der Prozessstrukturierung auch die rahmengebenden und fachlichen Verfahrensstandards und Anforderungen (▶ Kap. 4.3.1) unbedingt zu berücksichtigen und einzuhalten. In diesem idealtypischen Hilfeplanverlauf aus Sicht der ASD-Fachkraft (▶ Abb. 22) sind zu den unterschiedlichen Zeitpunkten und Prozessschritte unterschiedliche Beteiligte involviert. Das heißt, dass die Hilfeumsetzung zwischen den Adressat*innen und dem freien Träger innerhalb dieses Prozesses anzusiedeln ist und damit eine Schnittstelle im Rahmen der Hilfeplanung bildet. Diese Schnittstelle muss aktiv durch die

ASD-Fachkraft in Zusammenarbeit mit der*dem Mitarbeitenden des freien Trägers fallspezifisch gestaltet und abgestimmt werden. Des Weiteren muss die ASD-Fachkraft hier berücksichtigen, dass im Laufe des Hilfeprozesses Unterbrechungen und Störungen (z.B. durch Krisen, Mitarbeitendenwechsel bei freien Trägern, Zuständigkeitswechsel etc.) auftreten können. Hier muss die fallzuständige Fachkraft flexibel auf die jeweiligen Bedürfnisse und Anforderungen eingehen können, Zwischenschritte erlauben, Neujustierungen vorzunehmen und trotzdem den Gesamtblick auf den Fall beibehalten.

4.3.3 Ziele in der Hilfeplanung

Zur Einordnung: HzE sind für Kinder, Jugendliche und Familien in Problemkonstellationen konzipiert. Im Fokus stehen Situationen, in denen Eltern ihr Kind/ihre Kinder nicht angemessen ohne Hilfen begleiten, unterstützen und/oder erziehen können. Und erinnern wir uns an die Ausgangslage, bei der eine Reihe von Ambivalenzen und Spannungen zwischen allen Beteiligten in der Hilfeplanung vorherrscht bzw. vorherrschen kann. Ziele und Zielformulierungen gelten in der Hilfeplanung als ein zentraler, aber auch sensibler Moment. Vor diesem Hintergrund und unter Beachtung der nicht so ganz einfachen Ausgangslage verlangt der Hilfeplanung-Prozessteil Zielentwicklung und-aushandlung (zu Beginn der Hilfe und auch während der Hilfeplan-Fortschreibungen) besondere Beachtung, denn die HzE als pädagogische Interventionen sollen zielgerichtet ausgestaltet werden. Damit nehmen sie eine besondere Bedeutung im Rahmen der Hilfeplanung ein: Sie sind für die Auswahl an passenden Hilfearrangements erforderlich, sie fördern die Motivation und Akzeptanz, mit ihnen gelingt eine Hinwendung zu einer ressourcenorientierten Sichtweise und sie haben eine Relevanz im Hinblick auf die Reflexion/Evaluation, Überprüfung und Steuerung der Hilfe.

Ziele werden in einem Aushandlungsprozess zwischen Adressat*innen, ASD-Fachkraft und weiteren Beteiligten (z.B. Mitarbeitende freier Träger in der Hilfeplan-Fortschreibung) gebildet und abgestimmt. Hierdurch besteht ein Spannungsfeld zwischen dem gesellschaftlichen Auftrag, dem Expert*innenwissen der unterschiedlichen Fachkräfte und dem Wissen, dem Willen, den Wünschen, den Bedürfnissen der beteiligten Adressat*-innen. Es ist an dieser Stelle zu betonen, dass somit auch unterschiedliche Zielausrichtungen ihre Berechtigung haben. Daher ist es wichtig, so Ader und Schrapper (2020), die bestehenden Konsens- als auch die Dissensziele differenziert ausweisen.

Äußerst wichtig ist an dieser Stelle die *Abgrenzung von Ziel und Auflage.* Ziele sind Willenserklärungen und persönliche Konstrukte für das eigene Leben der Adressat*innen. Auflagen werden in der Regel durch die Fachkräfte formuliert. Hiermit sind primär Anweisungen oder Aufträge Dritter aufgrund fachlicher Einschätzungen (z. B. in Bezug auf Erziehungsfähigkeit der Eltern, Wahrnehmung von Elternpflichten) und rechtlicher Vorgaben (z. B. im Kinderschutz, bei der Wahrnehmung des staatlichen Wächteramtes) verbunden.

In der Praxis sind eine Reihe von unterschiedlichen Bezeichnungen hinsichtlich der Ziele und Zielformulierungen vorzufinden, da auf unterschiedliche Konzepte (beispielhaft ▶ Abb. 23) zurückgegriffen wird. Die Bundesarbeitsgemeinschaft der Landesjugendämter (BAG LJA) bietet eine Auflistung und Zuordnung ebendieser unterschiedlichen Bezeichnungen und Zielebenen an (vgl. BAG LJA 2023b).

Erwünschter Zustand am Ende der Hilfe	Leitziele	Wirkungsziele	Vision	Richtungsziele
Konkretisierung der Vision, smarte Ziele	Mittlerziele	Handlungsziele	Entwicklungs-aufgabe	Handlungsziele
Wer macht was konkret?	Handlungsziele	Handlungsschritte	Handlungsziele	Handlungsschritte
Zeitliche Dimension / Autor:in	Beywl, Schepp-Winter (BMFSFJ 2009)	Von Spiegel (2000)	Schwabe (2019)	Lüttringhaus & Streich (2007)

Abb. 23: Zielebenen und -bezeichnungen (vgl. Bundesarbeitsgemeinschaft Landesjugendämter (2023b): Empfehlungen Qualitätsmaßstäbe und Gelingensfaktoren für die Hilfeplanung gemäß § 36 SGB VIII (2., vollständig überarbeitete Auflage). Münster/München. Unter: https://www.bag-landesjugendaemter.de/de/neues/qualitaetsmassstaebe-und-gelingensfaktoren-fuer-die-hilfeplanung-gemaess-36-sgb-viii/, 30)

Deutlich ist, dass Ziele auf unterschiedlichen Ebenen angedockt werden, sie sind hierarchisiert (▶ Abb. 23) und operationalisierbar, d. h., sie sind in

Teilschritten (je nach Etappe im Hilfeprozess) konkretisierbar und anwendbar (vgl. Ader & Schrapper 2020).

Grundsätzlich sind Ziele in der Hilfeplanung folgendermaßen zu definieren bzw. zu skizzieren (vgl. auch BAG LJA 2023): Sie sind *ein in der Zukunft angestrebter positiver Zustand.*

Im Rahmen der Zielformulierung ist es daher wichtig, folgende Merkmale zu berücksichtigen: Ziele werden als positiver Zustand formuliert, der schon eingetreten ist. Dabei soll das Ziel in der 1. Person positiv und im Präsens formuliert sein. Damit ist eine Willenserklärung verbunden, durch eigene Aktivitäten zur Zielerreichung beizutragen. Gute Ziele beschreiben einen wünschenswerten Zustand und bilden daher einen Gewinn für die Adressat*innen.

Ziele können mithilfe der SMART-Methode entwickelt und aufgeschrieben werden (▶ Tab. 5). Dabei handelt es sich um eine fünfstufige Strategie, wobei sich aus den Anfangsbuchstaben von SMART auch die einzelnen Schritte zur Zielformulierung zusammensetzen.

Tab. 5: Smarte Ziele (eigene Darstellung)

S	**spezifisch**	so präzise wie möglich eindeutig konkret
M	**messbar**	quantitative und qualitative Messgrößen
A	**attraktiv**	ansprechend aktivierend akzeptiert erstrebenswert
R	**realistisch**	möglich machbar gewollt
T	**terminiert**	mit Datum festgelegt zeitlich bindend

Smarte Ziele sollen helfen, den Fokus zu erhalten, Abstimmungen untereinander vorzunehmen und den Hilfeprozess kleinschrittig auszutarieren. Dementsprechend werden im Rahmen der Hilfeplanung auch Ziele auf unterschiedlichen Ebenen (▶ Abb. 23) in entsprechenden Hilfeplanungsetappen formuliert. Während zu Beginn der Hilfe eher Leitziele formuliert und aufgestellt werden, werden in der Regel bei den Hilfeplan-Fortschreibungen Handlungsziele und entsprechende Handlungsschritte formuliert.

Daher ist es sinnvoll, eine transparente und nachvollziehbare Vorgehensweise in der Abstimmung und Formulierung der Ziele sicherzustellen. Auf folgende hilfreiche sogenannte W-Fragen zur Identifizierung und anschließenden Formulierung von smarten Zielen – in allen Prozessschritten der Hilfeplanung – kann hierfür zurückgegriffen werden:

- Was soll erreicht werden?
- Warum soll es erreicht werden? Warum hat das Ziel eine besondere Bedeutung?
- Wer ist daran beteiligt? Wer möchte das Ziel erreichen?
- Wo soll dieses Ziel erreicht werden?
- Welche Anforderungen oder Einschränkungen gibt es?

Zu beachten ist in der Praxis, dass hier von Adressat*innen verlangt wird, sich aktiv als Expert*innen ihrer Lebenswelt an diesem Prozess zu beteiligen. Die Fachkraft muss hier unbedingt berücksichtigen, dass damit die Fähigkeiten zur Willensäußerung, zur Formulierung sowie zur Einnahme von positiven und selbstwirksamen Blickwinkeln verbunden ist. Eventuell sind Adressat*innen aufgrund ihrer aktuellen schwierigen Situation, ihrer sozioökonomischen Situation und persönlichen Voraussetzungen gar nicht oder nur begrenzt in der Lage, hier aktiv und im Sinne des Konzeptes mitzuwirken, knapp formuliert: Sie können nicht, was nicht gleichzusetzen ist mit nicht mitwirkungsbereit!

4.3.4 Das Hilfeplangespräch

Das Hilfeplangespräch (HPG) nimmt im Rahmen der Hilfeplanung einen wichtigen Stellenwert ein. Aufgrund der Beteiligtenkonstellation sind auch hier unterschiedliche Perspektiven ein konstituierendes Merkmal, das es zu berücksichtigen gilt. Es soll ein offenes und vertrauensvolles Gespräch unter Berücksichtigung der unterschiedlichen Interessen zwischen allen Beteiligten stattfinden. Jedoch ist das HPG auch in einen öffentlich-(verwaltungs-)rechtlichen Rahmen (Hilfeplanprotokoll als Vertrag, Hilfe- und Kontrollfunktion) eingebunden und kann durch zum Teil massive Ziel- und Interessenkonflikte gekennzeichnet sein. Dementsprechend zeichnet sich das HPG durch eine dynamische Verteilung von Macht und Abhängigkeiten aus: Es treffen in dem Gespräch Expert*innen und Laien, Erwachsene und Kinder bzw. Jugendliche, natürliche Personen (Adressat*innen) und Fachkräfte (eingebunden durch die Institution) aufeinander. Alle diese Teilnehmenden verfolgen unterschiedliche Interessen und Anliegen, es gibt kaum eine neutrale Position oder neutrale Funktion/Rolle. Machtvolle Positionen sind ist hier unterschiedlich verteilt: Die Familie/die Adressat*innen sind vom Jugendamt in der Gewährung der Hilfeart, -form und -dauer abhängig, das Jugendamt ist von der Familie in Bezug auf die notwendige Beteiligung und Annahmebereitschaft der Hilfen und gleichzeitig vom freien Träger abhängig, die tatsächliche notwendige Hilfe(form) ebenfalls anbieten zu können. (Vgl. BAG LJA 2023b)

Das HPG ist ergo eine besonders komplexe und sehr kommunikative Situation. Es geht um die strukturierte Klärung von Zielen, Aufgaben, (weiteren) Handlungsschritten und einer Reflexion der bisherigen Hilfen, d. h., die ASD-Fachkraft verfolgt auch eine zielorientierte Gesprächsstrategie. Die Steuerungsverantwortung liegt eindeutig beim öffentlichen Träger, der fallzuständigen ASD-Fachkraft. Sie hat auf die Einhaltung der Verfahrensvorschriften und fachlichen Anforderungen zu achten und diese zu berücksichtigen. Das heißt, dass eine Teilnahme der beteiligten Adressat*innen sicherzustellen ist, dass alle Beteiligten (Adressat*innen und Mitarbeitende des Leistungserbringers) Gehör finden und sich aktiv an der Planung und Zielformulierung beteiligen können.

Für eine gute Umsetzung eines HPG bedarf es einer genauen Vorbereitung in Bezug auf organisatorische und inhaltlich Dimensionen, wobei immer auf die jeweiligen Fähigkeiten, Bedarfe und Wünsche aller Beteiligten Rücksicht genommen werden muss (vgl. Zwicker-Pelzer 2023, Schwabe 2019):

- *Das Setting des HPG:* Dieses sollte bewusst gestaltet und gewählt werden, ebenso sollte ein Regelwerk für die Zusammenarbeit und das Handeln im Gespräch festgelegt sein (z. B. klare Leitung und Moderation durch ASD, Kommunikationsregeln wie z. B. Sitzordnung, Zeitfenster, die Art störungsfreier Kommunikation, gleichwertige Redeanteile, Zugewandtheit, Atmosphäre, ausreichend Zeit etc.). Darüber hinaus sollten Bedingungen für die Zeit und den Raum (Ort, Regelmäßigkeit) aber auch in Bezug auf die Teilnehmenden gemeinsam festgelegt werden.
- *Der Ablauf des Zielentwicklungsprozess im HPG:* Folgendes Ablaufkonstrukt sollte das gemeinsame Gespräch mindestens aufweisen:
  - Definieren des Problems
  - Darstellung des Ist-Standes
  - Darlegung der verschiedenen Sichtweisen
  - Angebote und Möglichkeiten der Fachkräfte und Jugendhilfeträger
  - Aushandlungsprozess (kooperativ, Selbstwirksamkeit der beteiligten Adressat*innen sicherstellen, Sortierung, Kompromisse finden)
  - gemeinsame Formulieren der Ziele (Zwicker-Pelzer 2023)
- *Anfertigung des Hilfeplanprotokolls:* Das Protokoll wird meistens auf standardisierten, vorgegebenen Bögen oder in einer Jugendhilfe-Software erstellt. Es sollte knapp und übersichtlich gegliedert sein, alle wichtigen Informationen enthalten und eine Sprache verwenden, die alle Beteiligten verstehen und nachvollziehen können. Der Zielentwicklungsprozess sollte dokumentiert, die Ziele konkret (»smart«) formuliert sein. Grundsätzlich gilt, dass das Protokoll schnell erstellt und zeitnah zur Verfügung gestellt wird. Die Beteiligten geben ihr Einverständnis durch Unterzeichnung und werden auch auf die Möglichkeit des Einspruches hingewiesen. (Vgl. Zwicker-Pelzer 2023, Schwabe 2019)

4.4 Wahrnehmung des Schutzauftrages bei Kindeswohlgefährdung

Schutz von Kindern und Jugendlichen ist eine zentrale und fachlich äußerst anspruchsvolle Aufgabe und Verantwortung der Kinder- und Jugendhilfe. Aufgrund medialer Berichterstattungen wird vor allem die Verantwortung des Jugendamtes im Rahmen des staatlichen Wächteramtes in den Fokus gesetzt, häufig ausschließlich im Rahmen gescheiterter Kinderschutzverläufe.

Zu verstehen ist das staatliche Wächteramt des Jugendamtes als eine von vielen Aufgaben im Rahmen der Leistungen und Hilfen im Kontext der ASD-Arbeit. In aktuellen Diskursen und mit Blick in die aktuelle ASD-Praxis wird häufig die ASD-Arbeit auf den Kinderschutz reduziert bzw. betont, dass der ASD sich fast ausschließlich auf die Kinderschutzarbeit konzentrieren kann (z. B. Fachkräftebedarf, Reduktion der eigenständigen Beratungsleistungen im ASD und Übertragung von Aufgaben an freie Träger, Einrichtung von Spezialdiensten, erhöhtes Fallaufkommen) und die anderen grundlegenden Aufgaben im Leistungskatalog des ASD (z. B. eigenständige Beratungsleistungen, ausführliche Falldiagnostik) dadurch vernachlässigt werden bzw. nicht mehr umgesetzt und durchgeführt werden können.

4.4.1 Begriffsverständnisse und Verortung des Kinderschutzes in der Kinder- und Jugendhilfe

Grundsätzlich sind Definitionen von Kinderschutz herausfordernd, da der Begriff tatsächlich nicht einheitlich verwendet wird. In Anlehnung an Schone (2011) wird hier eine Ausdifferenzierung von zwei Begriffsverständnissen vorgenommen. Im Rahmen des *breiten/weiten Verständnisses von Kinderschutz* siedeln sich die Aufgaben und Aufträge zur Gewährleistung von z. B. Frühen Hilfen, infrastrukturellen Leistungen wie KiTa u. a. an. Primäre Zielsetzung ist hier der Erhalt bzw. die Gewährleistung positiver Entwicklungsmöglichkeiten und Teilhabechancen von Kindern. Adressiert sind alle Familien mit Kindern. Im Fokus stehen keine konkreten Anhaltspunkte, sondern generell theoriebasierte allgemeingültige Risikozuschreibungen in Form von generell belastenden Lebenslagen (wie z. B. Krankheiten, Armut), die tendenziell zu möglichen defizitären Lebensbedingungen von Kindern führen. Fachliche Ansätze sind hier eine allgemeine niedrigschwellige Hilfeinfrastruktur und alltagsorientierte Hilfen, die primär vor oder bei der Entstehung von Problemen frühzeitig ansetzen.

Im Rahmen des *engen Verständnisses von Kinderschutz* und im Kontext des Schutzauftrages bei Kindeswohlgefährdung wird primär der Schutz von Minderjährigen vor Gefahren für ihr Wohl, die Abwehr konkret identifizierbarer Gefährdungen und die tatsächliche Beendigung von Vernachlässigung, Misshandlung und Gewalt als Ziel gesetzt (reaktiver, intervenierender Kinderschutz). Adressiert sind hier diejenigen Kinder und Jugendlichen, deren Schutz vor Gefahren durch die Eltern oder Personensorgeberechtigten nicht sichergestellt ist. Im Fokus stehen hier die für den Schutzauftrag als Auslöser geltende Identifizierung sogenannter gewichtiger Anhaltspunkte (§ 8a SGB VIII) für eine gegenwärtige Gefahr inkl. einer konkreten, erheblichen Schädigung des Kindes. Die Grundlage bildet die ergebnisbasierte fachliche Risiko- und Gefährdungseinschätzung. Notwendige Interventionen, wie z. B. Inobhutnahme, werden bei der Überschreitung der Gefährdungsschwelle oder bei der Verweigerung von Hilfen durch das Jugendamt, dem fallzuständigen ASD-Fachkräften und/oder von Kinderschutzfachkräften (»insoweit erfahrene Fachkräfte« nach § 8a, b SGB VIII und § 4 KKG) sofort umgesetzt. Hierfür greifen die Fachkräfte auf Infrastrukturen, die stets zur Verfügung stehen müssen (z. B. Notdienste, Inobhutnahmestellen, Bereitschafspflegestellen), zurück.

Auf Grundlage der rechtlichen Einordnung (► Kap. 2.1.3) wird hier eine fachliche Einordnung im Rahmen der Kinder- und Jugendhilfe vorgenommen. Hieraus leiten sich dann auch im Folgenden die entsprechenden Aufgaben und Pflichten einer ASD-Fachkraft im Kontext von Schutz, Eingriff und Kontrolle ab (► Abb. 13).

4.4.2 Definition Kindeswohl und Kindeswohlgefährdung

Kindeswohl

Obwohl es schwierig ist, eine klare und eindeutige Definition des Kindeswohls vorzunehmen, erscheint es wichtig, eine positive Bestimmung davon zu haben, was eine gelingende kindliche Entwicklung ausmacht, worauf junge Menschen ein Anrecht im Rahmen ihrer Persönlichkeitsentwicklung haben – vor allem um eine relationale Größe zu haben, auf die sowohl alle fachlichen Bemühungen in der Kinder- und Jugendhilfe als auch das Handeln jeder einzelnen Fachkraft ausgerichtet sind.

Maywald (2002) setzt für die Definition von Kindeswohl folgende Merkmale in den Fokus:

> »Ein am Wohl des Kindes (Best Interest of the Child) ausgerichtetes Handeln wäre demzufolge dasjenige Handeln, das die an den Grundbedürfnissen und Grundrechten von Kindern orientierte jeweils am wenigsten schädigende Handlungsalternative wählt.« (Maywald 2002)

Hieraus abgeleitet setzt sich das Wohl des Kindes im Sinne einer positiven Bestimmung aus einem Konglomerat an Bedürfnissen und Rechten zusammen (vgl. ebd):

Grundbedürfnisse nach Fegert (2002) von Kindern sind demnach:

1. Liebe, Akzeptanz und Zuwendung
2. stabile Bindungen
3. Ernährung und Versorgung
4. Gesundheit
5. Schutz vor Gefahren materieller und sexueller Ausbeutung
6. Wissen, Bildung und Vermittlung hinreichender Erfahrungen

Oder nach Brazelton & Greenspan (2002):

1. beständige liebevolle Beziehungen
2. körperliche Unversehrtheit, Sicherheit und Regulation

3. Erfahrungen, die auf individuelle Unterschiede zugeschnitten sind
4. entwicklungsgerechte Erfahrungen
5. Grenzen und Strukturen
6. stabile, unterstützende Gemeinschaften und kulturelle Kontinuität
7. sichere Zukunft für die Menschheit

Die grundlegenden Rechte von Kindern sind in der UN-Kinderrechtskonvention im Sinne von Mindeststandards aufgestellt. Hier sind Kinder als Träger von

- Grundrechten,
- Schutzrechten,
- Förderrechten und
- Beteiligungsrechten

definiert, um »die Würde, das Überleben und die Entwicklung aller Kinder auf der Welt sicherzustellen« (Maywald 2002). Im Jahr 1992 hat die Bundesrepublik Deutschland die UN-Kinderrechte ratifiziert, d. h. bestätigt, sodass diese auch als Grundlage für die KJH im Sinne einer relationalen Größe, welche in Bezug auf die Befassung mit Kindeswohlgefährdung Anwendung finden muss, gelten.

Kindeswohlgefährdung

Wie auch schon oben (► Kap. 2.1.3) erläutert, ist eine Kindeswohlgefährdung »eine gegenwärtige in einem solchen Maße vorhandene Gefahr, dass sich bei der weiteren Entwicklung eine erhebliche Schädigung mit ziemlicher Sicherheit voraussehen lässt« (BGH FamRZ 1956, 350). Zum Begriff der Kindeswohlgefährdung selbst ist festzustellen, dass hier an keiner Stelle festgehalten wird, was unter dem Begriff konkret zu verstehen ist – es handelt sich demnach um einen unbestimmten Rechtsbegriff. Es ist damit kein beobachtbarer Sachverhalt oder eine Tatsachenbeschreibung, sondern ein rechtliches und normatives Konstrukt, welches eine Auslegung immer im Einzelfall zwingend notwendig macht. Die Feststellung, ob eine Kindeswohlgefährdung vorliegt, basiert auf einer fachlichen Risikoeinschätzung und einer Prognose. (Vgl. Schone 2008, 2023b)

Das bedeutet, dass

- die Gefahr einer Gefährdung des Kindes *gegenwärtig* gegeben sein muss;
- die Schädigung *erheblich* sein muss;
- die Schädigung sich *mit ziemlicher Sicherheit* vorhersehen lässt, sofern sie noch nicht eingetreten ist.

Demnach sind zwei Voraussetzungen zu verzeichnen:

1. Die Beeinträchtigung des Kindeswohls durch *ein bestimmtes Verhalten oder Unterlassen*
2. Die *nachhaltig negative Wirkung* (= körperliche, geistige oder seelische Schädigung des betroffenen Kindes oder Jugendlichen) dieses Verhaltens/Unterlassen

Die Feststellung einer Kindeswohlgefährdung geschieht somit aufgrund einer fachlichen und rechtlichen Bewertung von den Lebenslagen der Kinder und Jugendlichen in Bezug auf

- der *möglichen Schädigungen,* die die Kinder in ihrer weiteren Entwicklung aufgrund dieser Lebensumstände erfahren können;
- der *Erheblichkeit der Gefährdungsmomente* (Intensität, Häufigkeit und Dauer des schädigenden Einflusses) bzw. der Erheblichkeit des erwarteten Schadens;
- des Grades der *Wahrscheinlichkeit (Prognose)* eines Schadenseintritts (es geht um die Beurteilung zukünftiger Einflüsse, vor denen das Kind zu schützen ist);
- der *Fähigkeit der Eltern(teile),* die Gefahr abzuwenden bzw. die zur Abwendung der Gefahr erforderlichen Maßnahmen zu treffen;
- der *Bereitschaft der Eltern(teile),* die Gefahr abzuwenden bzw. die zur Abwendung der Gefahr erforderlichen Maßnahmen zu treffen (vgl. Schone 2023b, Schone & Tenhaken 2015).

Wichtig ist hier, zwischen dem Tatbestand einer sogenannten *latenten* und der *akuten Kindeswohlgefährdung* (vgl. DESTATIS Statistisches Bundesamt) zu differenzieren.

Von einer *latenten Kindeswohlgefährdung* wird ausgegangen, wenn die Frage nach der gegenwärtig tatsächlich bestehenden Gefahr *nicht eindeutig* beantwortet werden kann, *aber gewichtige Hinweise* auf eine Kindeswohlgefährdung *vorliegen bzw. diese nicht ausgeschlossen werden kann.*

Eine *akute Kindeswohlgefährdung* liegt vor, wenn eine erhebliche Schädigung des körperlichen, geistigen oder seelischen Wohls des Kindes oder Jugendlichen *bereits eingetreten* oder mit *ziemlicher Sicherheit zu erwarten ist* und diese Situation von den Sorgeberechtigten *nicht abgewendet wird oder werden kann.*

Formen von Kindeswohlgefährdung und mögliche Anzeichen

Fachkräfte benötigen Erkenntnisse und Wissen über die Gefährdungsarten, da sich die Entscheidungen über geeignete und notwendige Hilfen, Maßnahmen und Interventionen zum Schutz der Kinder und Jugendlichen hieraus ableiten lassen. Es wird ganz allgemein in folgende klassische Gefährdungsformen unterschieden: Kindesvernachlässigung und Kindesmisshandlung, die jeweils weiter ausdifferenziert werden, und sexuelle Gewalt. Es existieren allerdings eine Reihe von disziplinär geprägten Begriffen und eine sich daraus ergebene Vielzahl an Definitionen. Exemplarisch wird hier auf die Definitionen von Kindler et al. (2006) zurückgegriffen.

Definition von Vernachlässigung

Vernachlässigung ist zu verstehen als »als andauerndes oder wiederholtes Unterlassen fürsorglichen Handelns bzw. Unterlassen der Beauftragung geeigneter Dritter mit einem solchen Handeln durch Eltern oder andere Sorgeberechtigte, das für einen einsichtigen Dritten vorhersehbar zu erheblichen Beeinträchtigungen der physischen und/oder psychischen Entwicklung des Kindes führt oder vorhersehbar ein hohes Risiko solcher Folgen beinhaltet« (Kindler 2006c).

Definition von psychischer Misshandlung

Psychische Misshandlung wird charakterisiert als »wiederholte Verhaltensmuster der Betreuungsperson oder Muster extremer Vorfälle, die Kindern zu verstehen geben, sie seien wertlos, voller Fehler, ungeliebt, ungewollt, sehr in Gefahr oder nur dazu nütze, die Bedürfnisse eines anderen Menschen zu erfüllen« (Kindler 2006d).

Definition von physischer Misshandlung

Unter physischer Misshandlung können »alle Handlungen von Eltern oder anderen Bezugspersonenverstanden werden, die durch Anwendung von körperlichem Zwang bzw. Gewalt für einen einsichtigen Dritten vorhersehbar zu erheblichen physischen oder psychischen Beeinträchtigungen des Kindes und seiner Entwicklung führen oder vorhersehbar ein hohes Risiko solcher Folgen bergen« (Kindler 2006e).

Definition von sexueller Gewalt

Sexuelle Gewalt ist »jede sexuelle Handlung, die an oder vor einem Kind entweder gegen den Willen des Kindes vorgenommen wird oder der das Kind aufgrund körperlicher, psychischer, kognitiver oder sprachlicher Unterlegenheit nicht wissentlich zustimmen kann. Der Täter nutzt seine Macht- und Autoritätsposition aus, um seine eigenen Bedürfnisse auf Kosten des Kindes zu befriedigen« (Unterstaller 2006).

Die einzelnen Merkmale, Ausprägungen und Charakteristika einer Kindeswohlgefährdung lassen sich wie dargestellt ausdifferenzieren (► Abb. 24).

In der Praxis sind häufig Kombinationen der unterschiedlichen Misshandlungs- und Vernachlässigungsformen im Lebenslauf von Kindern und Jugendlichen oder tatsächlich auch zum aktuellen Zeitpunkt zu finden. Diese Mehrfachbetroffenheit von Kindern und Jugendlichen muss im Rahmen der Gefährdungseinschätzung und bei der Prognose in Hinsicht auf Schädigungen unbedingt Berücksichtigung finden.

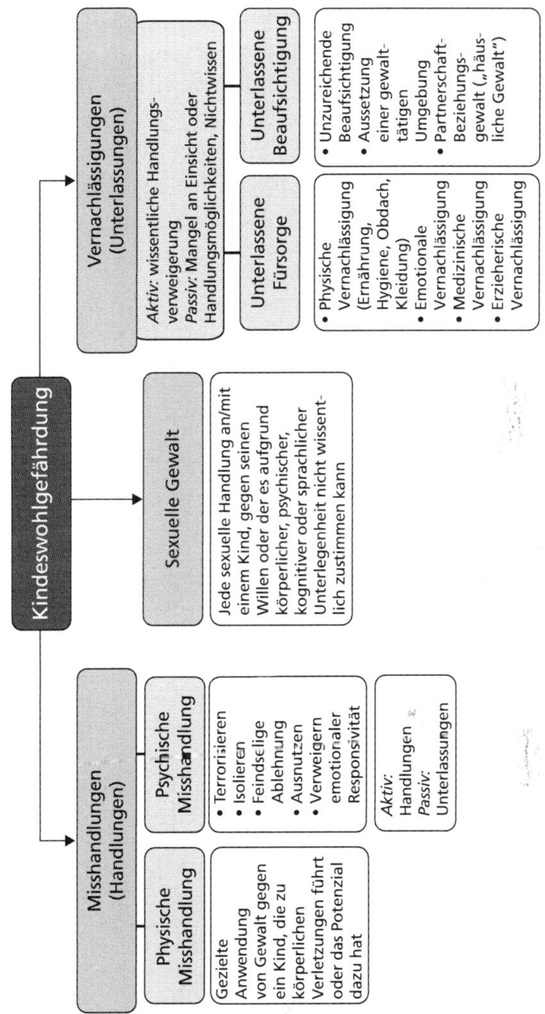

Abb. 24: Charakteristika von Kindeswohlgefährdungen (nach Leeb et al 2008, erweitert und kombiniert durch Definitionen von Schone et al. 1997, Kindler et al. 2006; siehe auch Jud 2023)

Neben dem Wissen über die unterschiedlichen Formen von Kindeswohlgefährdungen ist die Kenntnis über spezifische Anzeichen und

Symptome beim/am Kind/Jugendlichen, die darauf hindeuten können, dass es einem Kind nicht gut geht, und auf eine mögliche Kindeswohlgefährdung vermuten lassen, absolut erforderlich. Mögliche Anzeichen/Symptome für eine Kindeswohlgefährdung, so der Kinderschutzbund, sind in körperliche, psychische und kognitive Anzeichen zu unterscheiden (▶ Tab. 6). In der Praxis lassen sich häufig Kombinationen dieser Anzeichen bei einem Kind/Jugendlichen feststellen.

Tab. 6: Anzeichen und Symptome, die auf eine Kindeswohlgefährdung hindeuten (können) (eigene Darstellung nach Der Kinderschutzbund 2025)

	Konkrete Anzeichen/Indikatoren	**Auffälligkeiten im Verhalten/in der Persönlichkeit**
Körperliche Anzeichen/Symptome		
… für Vernachlässigung	• Untergewicht • vermindertes Wachstum • Rückstände in der körperlichen Entwicklung • hohe Anfälligkeit für Infekte • unversorgte Krankheiten • unzureichende Körperhygiene	…und/oder psychosomatische Probleme wie z. B. • diffuse Schmerzzustände • Schlafstörungen • Einnässen • Einkoten • Selbstverletzungen • Essstörungen
… körperliche Gewalt	• Hämatome an ungewöhnlichen Stellen • Brandwunden • Knochenbrüche, die sich Kinder nicht selbst (z. B. durch einen Sturz) zugefügt haben können	
… sexuelle Gewalt	• Verletzungen im genitalen, analen oder oralen Bereich • Geschlechtskrankheiten	
Psychische Anzeichen/Symptome	• Selbstunsicherheit • Angst • Unruhe • Aggressionen • Depressionen • extreme Scham- und Schuldgefühle • distanzloses Verhalten	… und/oder Einschränkungen im • kindlichen Forschungsdrang • wenig Interesse, die Welt zu erkunden

Tab. 6: Anzeichen und Symptome, die auf eine Kindeswohlgefährdung hindeuten (können) (eigene Darstellung nach Der Kinderschutzbund 2025) – Fortsetzung

	Konkrete Anzeichen/Indikatoren	**Auffälligkeiten im Verhalten/in der Persönlichkeit**
Kognitive Anzeichen/Symptome	• Sprachstörungen (z. B. Schwierigkeiten, Gehörtes, Gesehenes, Erlebtes sprachlich wiederzugeben bzw. Sprachbotschaften zu entschlüsseln) • Konzentrationsschwierigkeiten • Wahrnehmungsstörungen bis hin zu einer Lernbehinderung	• Angst vor Neuem • Lernen verzögert

4.4.3 Feststellung einer Kindeswohlgefährdung – Das Verfahren nach § 8a SGB VIII

In der Praxis ist die Feststellung einer bereits eingetretenen oder akut drohenden Kindeswohlgefährdung (▶ Kap. 4.4.2) bei Weitem nicht einfach und schon gar nicht immer eindeutig zu treffen. Ob eine Nichtgewährleistung oder tatsächliche Gefährdung des Kindeswohls und in diesem Zusammenhang die Fähigkeit und/oder Bereitschaft der Eltern zur Abwendung der Gefahren und die Bereitschaft und/oder Fähigkeit zur Annahme von Hilfen gegeben sind, ist aufgrund der tatsächlichen Fallkonstruktion, der Lebenswelten der Familien und deren aktueller Situation nicht immer eindeutig festzustellen. Auch mit Blick auf das »Chaos« des wirklichen Lebens besteht hier nicht immer Eindeutigkeit im Kontext von Ursache, Wirkung und objektiver Bewertung, Interpretation und Interventionsnotwendigkeiten (▶ Abb. 25).

Dementsprechend kann auch nicht einfach ein standardisiertes Handeln der Fachkraft analytisch abgeleitet werden – in den wenigsten Fällen ist nicht auf einem Blick festzustellen, ob eine Kindeswohlgefährdung vorliegt. Für eine eindeutige Bewertung der Sachverhalte, wie z. B. »Eltern

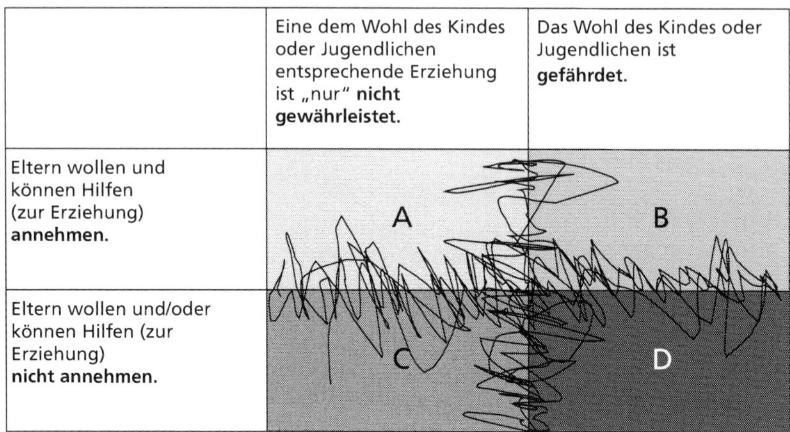

Abb. 25: Schema zur Einordnung der Sachverhalte bei möglicher Kindeswohlgefährdung (vgl. Schone 2008, 2023b)

können und/oder wollen HzE nicht annehmen« plus »Das Wohl des Kindes oder Jugendlichen ist gefährdet« – hier im Schema Feld D – kann wohlmöglich eine konkrete (und recht unkomplizierte) Abfolge von Interventionsmöglichkeiten hergeleitet und Hilfen installiert werden. Aber wenn die Situation nicht so eindeutig ist, dann ist auch eine folgerichtige und zeitlich passende Implementierung von geeigneten und notwendigen Hilfen nicht immer eindeutig. Die ASD-Fachkraft befindet sich dabei gefühlt auf einer Gratwanderung zwischen den Polaritäten Eingriffe in das Elternrecht und ungenügende Berücksichtigung des Kinderschutzes.

Gerade hier zeigt sich, wie oben allgemein für den ASD definiert (► Kap. 3.3), in der Wahrnehmung des Schutzauftrages die Schwierigkeit in Bezug auf das konstituierte Merkmal Sozialer Arbeit »Handeln in Unsicherheit«:

> »Der Wunsch nach absoluter rechtlicher Handlungssicherheit bei der Bewältigung von latenten und akuten Krisensituationen von Kindern und Familien lässt sich angesichts der Struktur des sozialpädagogischen Handlungsfeldes und angesichts des notwendigen Einzelfallbezugs bei der rechtlichen Bewertung nicht einlösen. Auch im Feld der Risikoeinschätzung zur Kindeswohlgefährdung wird mithilfe fachlicher Standards und organisatorischer Vorkehrungen im Jugendamt lediglich eine Reduktion von Unsicherheit durch Hinweise auf einen kompetenten Umgang mit der Risikostruktur des ASD-Arbeitsfeldes Kinder-

schutz möglich. Verfahrensstandards helfen, das Handeln in Unsicherheit für die ASD-Fachkraft abzusichern[,] und unterstützen dabei, (mutig) eine Entscheidung zu treffen. Hierfür sind Verfahren, Instrumente und Standards entwickelt worden.« (Schone & Hensen 2011, 25)

Auch hier kann nicht von einer bundeseinheitlichen Standardisierung oder der Etablierung allgemeingültiger Qualitätsstandards im Kinderschutz ausgegangen werden. Demnach sind die verwaltungsspezifischen Vorgaben (z.B. Meldebögen, Indikatorenlisten, Einschätzungsbögen, Protokollbögen, Vorlagen) und Prozessschritte (Was ist wann verpflichtend zu tun?) und -abfolgen (Wer ist wann wie im Team oder als Leitung involviert? Wer ist wann wie zu beteiligen?) je nach ASD unterschiedlich. Dementsprechend wird an dieser Stelle exemplarisch ein Verfahrensmodell zur Wahrnehmung des Schutzauftrages durch den ASD gemäß § 8a SGB VIII vorgestellt (▶ Abb. 26, in Anlehnung an LVR & LWL 2024).

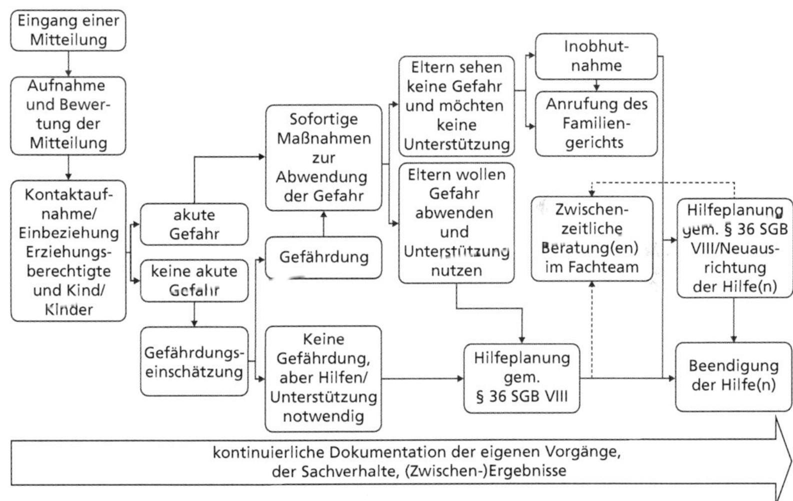

Abb. 26: Verfahren gemäß § 8a SGB VIII (eigene Darstellung, in Anlehnung an LVR & LWL 2024)

Folgendes ist durch die ASD-Fachkraft als verantwortliche Person im ASD in den einzelnen Teilprozessschritten umzusetzen und/oder zu veranlassen, wenn eine Mitteilung im Jugendamt/ASD über etwaige Gefährdungshinweise eingeht.

Erstbewertung einer Mitteilung

Nach Eingang einer Mitteilung Dritter von Gefährdungshinweisen an den ASD (z. B. durch Schule, KiTa, Nachbarn etc.) bzw. das Vorhandensein eigener Beobachtungen (z. B. im Kontext von eigenen Kontakten und Beratungen) muss unverzüglich im Rahmen des Vieraugenprinzips bewertet werden, ob gewichtige Anhaltspunkte für eine Kindeswohlgefährdung vorliegen. Die Feststellung gewichtiger Anhaltspunkte gilt als sofortiger und unumgänglicher Auslöser für die Wahrnehmung des Schutzauftrages. Außerdem ist zu klären, ob weitere Informationen notwendig sind und ein Hausbesuch oder eine Inaugenscheinnahme erforderlich ist.

Einbezug der Erziehungsberechtigten und des Kindes in die Gefährdungseinschätzung

Zu diesem Zeitpunkt zeigt sich, ob die Personensorgeberechtigten gewillt und/oder in der Lage sind, im Rahmen der Gefährdungseinschätzung mitzuwirken. Dementsprechend ist auch das Vorgehen der ASD-Fachkraft auszurichten. Sind die Eltern zur Mitwirkung nicht gewillt oder in der Lage (z. B. unerreichbar, verweigern Kontakt, Hausbesuch oder Inaugenscheinnahme), muss entschieden werden, ob eine Inobhutnahme des Kindes vorgenommen wird, das Familiengericht direkt eingeschaltet wird oder bei Gefahr im Verzug sogar die Polizei kontaktiert werden muss. Auch das Kind/der junge Mensch ist in allen Phasen entsprechend seinen Möglichkeiten und Fähigkeiten bedarfsgerecht und umsichtig einzubeziehen.

Sind die Eltern gewillt und in der Lage, an der Gefährdungseinschätzung mitzuwirken, muss die ASD-Fachkraft bestimmte Informationen einholen, Abstimmungen vornehmen und Absprachen treffen. Primär sind hier zu nennen: Aufklärung der Eltern über Rechte und aktuelle Situation sowie Auftrag des Jugendamtes, Inaugenscheinnahme des Kindes/Jugendlichen, Klärung der Situation und Vereinbarungen über sofortige Hilfen und Einbezug anderweitiger Stellen (z. B. Ärzt*innen, Hilfeanbietern, freier Träger), Klärung der weiteren Mitwirkungsbereitschaft der Eltern und Vereinbarungen über die weiteren Schritte.

Gefährdungseinschätzung im Zusammenwirken mehrerer Fachkräfte

Auf Grundlage der bisher eingeholten Informationen und Sachverhalte *muss hier erstmalig* eine Beratung mit mehreren Fachkräften erfolgen. In der Regel wird hierzu im Rahmen des angehörigen Teams eine Fallvorstellung im Rahmen einer kollegialen Beratung vorgenommen, bei Bedarf sollen auch externe Expert*innen (z. B. Kinderärzte, Psycholog*innen) einbezogen werden. Ziel der (bestenfalls interdisziplinären) kollegialen Beratung ist, die fachliche Bewertung und Einschätzung vorzunehmen, ob eine Gefährdung vorliegt. Liegt keine vor, muss gemeinsam entschieden werden, ob eine weitere Hilfe (Beratung, HzE) notwendig ist. Ist eine Gefährdung festgestellt, werden gemeinsam die nächsten notwendigen Handlungsschritte (Termine, Hilfen) festgelegt.

Dabei werden – in Abhängigkeit zu Kooperations- und Mitwirkungsbereitschaft der Eltern – Maßnahmen zur Abwendung der Gefährdung umgesetzt. Das können je nach Situation, Motivation und Fähigkeiten der Eltern folgende Maßnahmen sein: Abstimmung und Installation eines Hilfe- und Schutzkonzepts, Anrufung des Familiengerichts, um eine familiengerichtliche Entscheidung herbeizuführen, Anordnung von Auflagen oder Umsetzung einer Inobhutnahme.

Deutlich wird, dass im Rahmen der Gefährdungseinschätzung die fallverantwortliche ASD-Fachkraft *keine Entscheidung im Rahmen einer möglichen Kindeswohlgefährdung alleine trifft*, sondern immer in Kooperations- und Zusammenarbeitskontexten in mehrfacher Hinsicht eingebunden ist und hier Unterstützung erhält. LVR und LWL (2024) bezeichnen die »Zusammenarbeit als Gelingensfaktor und fachliche Leitlinie« (LVR & LWL 2024, 51) in der Kinderschutzarbeit und skizzieren jeweils zentrale Positionen, die sich im fachlichen Handeln und in der fachlichen Haltung in Bezug auf die unterschiedlichen Kooperationskontexte wiederfinden lassen müssen:

1. in der Zusammenarbeit mit der Familie

   »Der Aufbau und Erhalt einer tragfähigen Arbeitsbeziehung mit den Erziehungsberechtigten ist von entscheidender Bedeutung für gelingenden Kinderschutz, in ihn muss (Zeit) investiert werden.
   Gelingender Kinderschutz bedarf der umfassenden Beteiligung des Kindes, seine Situation und seine Bedürfnisse dürfen nicht aus dem Blick geraten.
   Bei Interessenkonflikten zwischen dem Bemühen, den Kontakt zu den Eltern aufzubauen bzw. zu erhalten und dem ausreichenden Schutz des Kindes, steht der Schutz des Kindes an oberster Stelle.« (Ebd., 51 f.)

2. im Zusammenwirken der Fachkräfte

   »Fachkräfte und ihre Kompetenzen sind der Schlüssel für die Gefährdungseinschätzung. Ihre Einschätzung wird durch angemessene Instrumente und ein strukturiertes Verfahren der Beratung unterstützt, das eine kritische Reflexion und Irritationen fördert.
   Die Gefährdungseinschätzung ist prozesshaft und bedarf der Überprüfung.
   Gefährdungseinschätzungen bedürfen im Einzelfall spezieller (externer) Expertise.« (Ebd., 53 f.)

3. in der Zusammenarbeit mit anderen Institutionen

   »Gelingender Kinderschutz bedarf einer Verantwortungsgemeinschaft aller Beteiligten.
   Eine gemeinsame Gefährdungseinschätzung benötigt Transparenz und einen offenen und konstruktiven Umgang mit Dissens.« (Ebd., 54 f.)

4.4.4 Durchführung von Gefährdungseinschätzungen

Wichtig zu beachten ist, dass eine Gefährdungseinschätzung nicht nur, wie zuvor im Prozess idealtypisch beschrieben, nach Eingang einer Meldung von Gefährdungshinweisen erfolgt. Die Durchführung einer Gefährdungseinschätzung kann zu sehr unterschiedlichen Zeitpunkten im Hilfeverlauf notwendig sein, wie z. B. die Sicherheitseinschätzung nach

Meldung des Falles, da die Kontaktaufnahme erfolglos war (▶ Abb. 26), zugespitzte Krisensituationen im laufenden Hilfeprozess oder Überprüfung der bisherigen Entscheidung im Hilfeverlauf aufgrund neuer Informationen, Tatsacheneruierung oder auch zur Absicherung (vgl. Gerber & Kindler 2023, 22 f.).

Grundsätzlich ist zu berücksichtigen, dass die ASD-Fachkraft auch hier durch unterschiedliche Kontexte, wie z. B. institutionellem und gesetzlichem Auftrag, den eigenen persönlichen Erfahrungen, bestehenden Norm- und Wertvorstellungen, dem eigenen fachlichen Wissen und dem Gesamtwissen des Fachteams beeinflusst ist und auf dieser Grundlage eine fachliche Brille einnimmt, mit der sie auf die Lebenssituation des Kindes, des Jugendlichen und der Familie blickt. Dieser Blickwinkel wird dann auch im weiteren Gefährdungseinschätzungsprozess maßgeblich die Bewertung und der Abwägung bis hin zur Entscheidung eine große Rolle spielen.

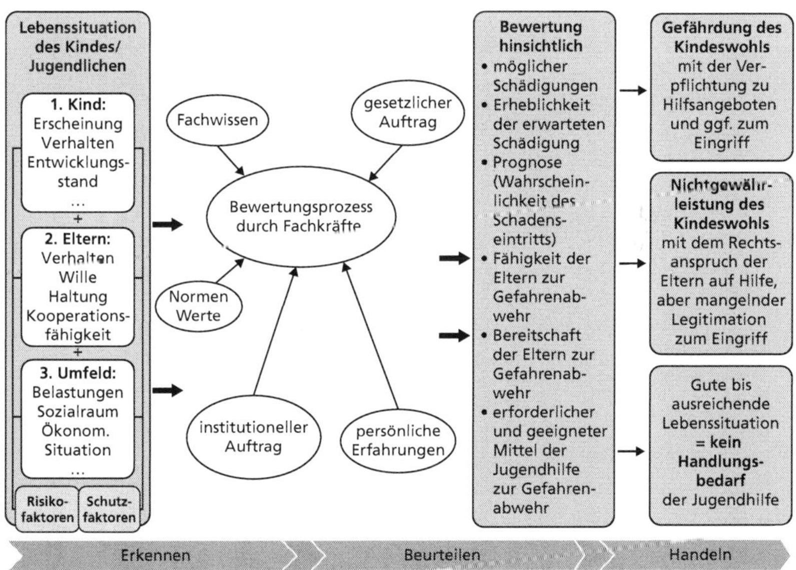

Abb. 27: Zum Prozess der Gefährdungseinschätzung bei Kindeswohlgefährdung (nach Reinhold Schone 2023b inkl. eigener Ergänzungen)

Sogenannte gewichtige Anhaltspunkte lösen den Schutzauftrag und damit das Verfahren nach § 8a SGB VIII bzw. § 4 KKG aus. Laut Münder, Meysen und Trenczek (2022) sind sie »konkrete Hinweise oder ernst zu nehmende Vermutungen für eine Gefährdung« (Münder, Meysen & Trenczek 2022, 122). Nach Radewagen sind solche Kontexte oder Momente als gewichtige Anhaltspunkte zu werten, welche nach fachlich fundierter und nachvollziehbarer Bewertung auf eine Kindeswohlgefährdung hindeuten bzw. diese wahrscheinlich erscheinen lassen (Radewagen 2022).

Folgende Merkmale können Hinweise auf gewichtige Anhaltspunkte sein:

(1) »bereits entstandene Schädigungen oder Belastungssymptome von einigem Gewicht beim Kind (z. B. misshandlungsverdächtige körperliche Verletzungen, gravierende Entwicklungsverzögerungen, sehr deutliche Verhaltensveränderungen in Richtung Belastung);
(2) potenziell ein Kind erheblich schädigendes Tun oder Unterlassen der Eltern (z. B. deutlich unangemessene Bestrafung, wiederholte, erhebliche Abwertung des Kindes oder unangemessen feindselige Interpretation kindlichen Verhaltens);
(3) schwere Auffälligkeiten in der Beziehung von Eltern und Kind (z. B. frozen watchfulness [kindliches Erstarren im Kontakt mit den Eltern, Anmerk. d. Verf.] oder deutliche Angst beim Kind vor den Eltern oder wiederholt grob unangemessene Reaktion eines Vaters oder einer Mutter auf kindliche Bedürfnisse);
(4) Risikofaktoren, die die Wahrscheinlichkeit, dass ein Kind vernachlässigt und/oder misshandelt wird oder von sexueller Gewalt betroffen ist, erheblich erhöhen (z. B. Hinweise auf eine elterliche Suchterkrankung, die die erzieherischen Fähigkeiten zu beeinträchtigen scheint, oder Hinweise auf erhebliche und wiederholte Gewalt in der Paarbeziehung)«. (Gerber & Kindler 2023, 15)

Gerber und Kindler schlagen bei der Gefährdungseinschätzung ein strukturiertes Vorgehen anhand der systematischen Bearbeitung folgender vier Fragen vor:

1. »Welche Bedürfnisse hat dieses konkrete Kind, und was braucht es an Fürsorge, Versorgung und spezifischer Förderung? Gibt es bereits Hinweise auf entstandene Schäden (körperliche Verletzung, Entwicklungsverzögerungen etc.)?

2. Was tun oder unterlassen die Eltern und die wichtigsten Bezugspersonen des Kindes in Bezug auf die Versorgung des Kindes, und in welchem Umfang gelingt es ihnen (ggf. auch nicht), den spezifischen Anforderungen des Kindes gerecht zu werden?
3. Ergibt sich für das Kind daraus ein drohender körperlicher, geistiger oder seelischer Schaden? Welcher Schaden droht konkret und in welchem Umfang?
4. Welche Informationen zu Faktoren im Umfeld oder der Persönlichkeit der Erwachsenen liegen vor, die das Risiko einer erstmaligen oder erneuten Misshandlung oder Vernachlässigung erhöhen (Risikoeinschätzung)?« (Ebd., 37 f.)

Die ersten beiden Fragen beziehen sich direkt auf die Sachverhalte, die durch die Fachkraft erhoben werden müssen. Gerber und Kindler (2023) schlagen hierfür eine Strukturierung der Daten- und Informationssammlung in drei Dimensionen vor (▶ Abb. 27, linke Seite Lebenssituation des Kindes):

1. Kind/Jugendlicher
2. Stärken und Probleme der Eltern, weitere Bezugspersonen bei der Erziehung und Versorgung des Kindes/Jugendlichen
3. Umfeldfaktoren oder Persönlichkeit der Erwachsenen, die das Risiko einer (erneuten) Misshandlung oder Vernachlässigung erhöhen oder verringern können

Diese Indikatoren (= gewichtige Anhaltspunkte) werden aus unterschiedlichen Quellen und auf unterschiedliche Art und Weise erhoben:

- Angaben durch die Beteiligten selbst (Beteiligung der betroffenen Kinder, Jugendlichen und Eltern)
- und anderen Informationsquellen nach § 20 SGB X Untersuchungsgrundsatz wie z. B.
  - Ärzt*innen,
  - Beobachtungen durch ASD-Fachkraft selbst,
  - Inaugenscheinnahme des Kindes/Jugendlichen,
  - Sichtung der Wohnung,
  - Sichtung des Lebensumfeldes des Kindes/Jugendlichen,

- Gespräch mit Fachkräften anderer Institutionen, die in (regelmäßigem) Kontakt mit dem Kind/Jugendlichen stehen,
- Gespräch mit Fachkräften anderer Institutionen, die in (regelmäßigem) Kontakt mit den Eltern oder Bezugspersonen stehen,
- evtl. Daten über einschlägige Verurteilungen oder erfolgte Polizeieinsätze einholen,
- Sichtung vorhandener Akten (Analyse von Fallverläufen) (vgl. ebd., 28 ff.).

In der Praxis werden in der Regel Kombinationen von einzelnen Hinweisen, Beobachtungen oder Erkenntnissen (z. B. Wohnsituation plus Verhalten der Eltern plus Entwicklungsstand oder Zustand des Kindes) festgestellt, die dann in der Zusammenschau als gewichtige Anhaltspunkte eingestuft werden. Für die Erhebung dieser Sachverhalte stehen in der Praxis der ASD-Fachkraft standardisierte Instrumente wie z. B. Indikatorenlisten, Risiko-Einschätzungsbögen, Protokollbögen etc. und Verfahren wie z. B. Prozessabläufe, Ablaufschemata zur Verfügung. Diese Instrumente und Verfahren dienen der Fachkraft als Hilfsmittel für die systematische Erhebung, als Aufforderung, genau hinzusehen, die Wahrnehmung zu fokussieren, die Beobachtungen zu schärfen, auch die parallel laufende verpflichtende Dokumentation zu erleichtern, und letztendlich auch als Hilfsmittel zur Entscheidungsfindung.

Frage 3 und 4 richten dann die Aufmerksamkeit auf die Zukunft – hier muss die Fachkraft auf Grundlage der zuvor erhobenen Sachverhalte eine fachlich fundierte Prognose abgeben. Lassen sich, so Gerber und Kindler, die Fragen zur Gänze oder nur teilweise beantworten, liegen der Fachkraft noch nicht genügend Informationen vor und es müssen weitere eingeholt werden. Werden die Fragen bejaht, muss im Folgenden die Fachkraft die Ergebnisse der Gefährdungseinschätzung festhalten (vgl. Gerber & Kindler 2023, 39 ff.):

1. Gefährdungsform
   Im Rahmen der Feststellung der Gefährdungsform ist zwischen Kindesvernachlässigung, körperlicher Gewalt, psychischer Gewalt und sexueller Gewalt zu unterscheiden (▶ Kap. 4.4.2).

2. Prognose zu Art und Umfang des drohenden Schadens beim Kind/Jugendlichen (Schädigungsprognose)
   Die qualifizierte Schädigungsprognose umfasst die Identifikation des schadenden Verhaltens der Eltern und die fachlich-begründete Einschätzung des dadurch herbeigeführten (drohenden) Schadens für das Kind. Zwei Mindestanforderungen sind hier an die Prognose zu benennen:
   a) Die Art, Schwere und Eintrittswahrscheinlichkeit der befürchteten Schädigung ist so konkret wie möglich darzustellen, d.h. keine vagen Ausführungen.
   b) Die Beschreibung des gefährdenden Verhaltens der Eltern muss jeweils durch die belastendenden Auswirkungen auf das betroffene Kind ergänzt werden (vgl. Ständige Fachkonferenz 2 am DiJuf 2019; Anforderungen an die Gutachtlichen Stellungnahmen im Rahmen familiengerichtlicher Verfahren ▶ Kap. 4.5).
3. Prognose zu einer erstmaligen oder erneuten bedeutsamen Misshandlung oder Vernachlässigung (Risikoeinschätzung) und Einschätzung der Bereitschaft und Fähigkeit der Eltern zur Mitarbeit an der Abwendung der Gefahr

Im Fokus steht hier die fachlich begründete Einschätzung zur Wahrscheinlichkeit einer erneuten Misshandlung, Gewaltanwendung oder Vernachlässigung, wozu in der Regel die Risikofaktoren als auch die Schutzfaktoren herangezogen werden. Darüber hinaus muss dargelegt werden, ob die Eltern in der Lage und gewillt sind, die Gefahr für das Kind/den Jugendlichen abzuwenden. Hier ist ganz deutlich zu unterscheiden, ob die Eltern die Gefahr abwenden wollen, aber alleine dazu nicht in der Lage sind oder ob die Fachkraft einschätzt, dass die Eltern die Fähigkeit besitzen, aber nicht gewillt sind, die Gefahr abzuwenden. In der Ableitung der notwendigen Intervention sind diese Unterscheidungen von erheblicher Relevanz: Sie bieten jeweils die Grundlage für die Spanne von Interventionsmöglichkeiten von ambulanter Familienhilfe (Eltern sind einsichtig und kooperationsbereit, benötigen und wollen Hilfe) bis zur sofortigen Herausnahme des Kindes zum Schutz vor akuter Gefahr (Eltern sind uneinsichtig und wollen keine Hilfe annehmen).

Hierfür werden allerdings die Risiko- und Schutzfaktoren nicht nur einfach identifiziert, »sondern die Analyse der Interaktion zwischen Risiko- und Schutzfaktoren vor dem Hintergrund der Vulnerabilität einer Person, was in einer individuellen Risikobestimmung im Einzelfall mündet« (Zumbach-Basu 2024, 127), ist hier von zentraler Bedeutung. Dementsprechend gilt es zwischen den

- *Schutzfaktoren* – Bedingungen, die die Auswirkungen von Risikofaktoren abschwächen bzw. positiv beeinflussen (Pufferwirkung) – und den
- *Risikofaktoren* – Bedingungen, welche die Wahrscheinlichkeit für eine Kindeswohlgefährdung erhöhen (kumulative Wirkung) –

abzuwägen.

Folgende Risikofaktoren (► Tab. 7) und Schutzfaktoren (► Tab. 8) können identifiziert werden.

Tab. 7: Risikofaktoren (eigene Zusammenstellung; Quellen: Fegert & Resch 2012, Kindler et al. 2006a, b)

Fokus	**Indikatoren**
Eltern	
Eigene Geschichte der Eltern	• Mangel- oder Vernachlässigungserfahrungen • Häufige Beziehungsabbrüche • längerfristige Fremdunterbringungen in der eigenen Kindheit • (erhebliche) Bindungsstörungen
Persönlichkeitsmerkmale, Dispositionen	• negative Wahrnehmung des kindlichen Verhaltens • Unrealistische Erwartungen an Wohlverhalten und Eigenständigkeit des Kindes • Eingeschränktes Einfühlungsvermögen in die kindl. Bedürfnisse • Ausgeprägte Gefühle der Belastung, Hilflosigkeit, Überforderung • Leicht auszulösende intensive Gefühle von Trauer, Niedergeschlagenheit, Ärger

Tab. 7: Risikofaktoren (eigene Zusammenstellung; Quellen: Fegert & Resch 2012, Kindler et al. 2006a, b) – Fortsetzung

Fokus	Indikatoren
	• Hohe Impulsivität • Reife • Problemvermeidender Bewältigungsstil, geringe Planungsfähigkeit • Bejahung/Anwendung drastischer Formen von Bestrafung
Psychische Gesundheit	• Psychische Erkrankungen und Persönlichkeitsstörungen • Suchterkrankungen • Ausgeprägte intellektuelle Einschränkungen
Familienleben/familiärer Kontext	• Partnerschaftsgewalt und -konflikte • Hochstrittigkeit bei Trennung/Scheidung • fehlende soziale Unterstützung bis hin zu sozialer Isolation • sozioökonomische Situation • Wohnverhältnisse, Sozialraum • Stressbelastungen • Fehlende Grenzziehung zwischen den Generationen
Kind/Jugendlicher (abhängig vom Alter entsprechend zu spezifizieren)	
Allgemeine Entwicklungsrisiken beim Kind	• Geburtsrisiken • Entwicklungsrückstände • Schwieriges Temperament • Behinderung, Erkrankung • Regulations- und Verhaltensstörungen • Häufiger Wechsel des Betreuungssettings • Belastungen durch Trennungsfolgen • Traumata
Besondere Ereignisse im Rahmen möglicher früherer Vorfälle	• Wiederholte Misshandlung oder Vernachlässigung • Deutlich verzerrte Vorstellungen der Eltern/Sorgeverantwortlichen von ihrer Verantwortung ihrem Kind gegenüber • Mangelnde Bereitschaft und Fähigkeit zur Kooperation mit Fachkräften

Tab. 8: Schutzfaktoren (eigene Zusammenstellung; Quellen: Fegert & Resch 2012, Kindler et al. 2006a, b)

Fokus	Indikatoren
Eltern	
Persönlichkeitsmerkmale	• Ausgeglichenes Temperament • Intellektuelle Leistungsfähigkeit • Selbstvertrauen • Empathiefähigkeit • Vielseitige Interessen • Feinfühlige Fürsorge
Psychische Gesundheit	• Emotionale Belastbarkeit • Durchhaltevermögen • Psychische Stabilität • Selbstbeherrschung
Familienleben/familiärer Kontext	• Emotional unterstützende Beziehung • Positive Partnerschaftsbeziehung • Demokratischer Erziehungsstil • Positive Grundstimmung • Kommunikation • Gute ökonomische Situation
Kind/Jugendlicher	
Persönlichkeitsmerkmale	• Positive soziale Beziehungen, Kontaktfreudigkeit • Schulische Stärken, Schulbildung • Positive Freizeitinteressen, Hobbies, Lieblingsbeschäftigungen
Psychische Gesundheit	• Psychische und emotionale Stärken • Positive Gestimmtheit, positives Selbstbild
Besondere Ereignisse und Einstellungen	• Bereitschaft und Fähigkeit zur Kooperation mit Fachkräften • Bereitschaft und Fähigkeit zur positiven Veränderung von problematischem oder schädigendem Verhalten • Integration im Sozialraum • Netzwerke vorhanden

Grundsätzlich muss festgehalten werden, dass Verfahrensstandards und der Einsatz von Instrumenten der Absicherung der Fachkräfte beim »Handeln in Unsicherheit« dienen. Gerade im Kinderschutz sind Unsicherheiten immanenter Bestandteil der ASD-Arbeit. Sind Verfahrensstandards gut entwickelt, d. h. an die jeweiligen Rahmenbedingungen des jeweiligen Jugendamtes angepasst, so der DV – Deutsche Verein für öffentliche und private Fürsorge e. V. im Rahmen seiner Empfehlungen zur Festlegung fachlicher Verfahrensstandards in den Jugendämtern, können sie in der Regel sowohl individuelles wie organisationales Versagen verhindern. Mitarbeitende müssten aber genau Bescheid wissen, wie Verfahrensstandards anzuwenden und ggf. dazugehörige Instrumente zu nutzen sind (vgl. DV 2009), d. h., auch wenn die Instrumente und Verfahren qualitativ noch so gut ausgearbeitet sind: Die (Handlungs-)Fähigkeit der Fachkraft,

- in der Falldiagnostik/Anamnese
- bei der Anwendung dieser Instrumente
- die Indikatoren wahrnehmen zu können,

ist Voraussetzung und Bedingung für einen guten Kinderschutz – ein guter Kinderschutzbogen allein schützt kein Kind!

4.5 Dokumentation, Berichtswesen und gutachtliche Stellungnahmen

Im Rahmen der Kinder- und Jugendhilfe ist die Dokumentation pädagogischer Praxis als Querschnittsaufgabe anzusehen. Dokumentiert werden in der Regel Sachverhalte, fachliche Beurteilungen, fachliche Folgerungen, entsprechende Handlungsschritte und auch Handlungsfolgen. Die Dokumentation strukturiert den Fall und legt das im Fall gewählte Vorgehen sowie dessen Begründung dar. Gleichzeitig dient sie dazu, anderen Fachkräften (z. B. Teammitgliedern, Vertretung) zentrale Aspekte eines Falles und seines bisherigen Verlaufes zugänglich und nachvollziehbar zu machen. In der Außensicht dient die Dokumentation allerdings auch der Überprüfung des Falles und der Einhaltung vorgegebener Standards (Legitimation des eigenen pädagogischen Handelns). Eine Fallakte und das Geschriebene sind somit immer auch als Werkzeug anzusehen und entsprechend gehört dieses auch gepflegt: Eine Fallakte hat einer Binnenlogik zu folgen, sollte strukturiert und geordnet sein. Eine Loseblattsammlung, eine Anhäufung von Post-it-Zetteln ist nicht hilfreich: Nachträgliches Sortieren erfordert mehr Zeit als das tatsächliche Schreiben des Berichtes!

Auf der Grundlage der fallspezifischen Dokumentationen werden Berichte, in der Kinder- und Jugendhilfe vornehmlich Zwischenberichte, Entwicklungsberichte, Hilfeplanberichte und -fortschreibungsberichte, erstellt. Diese Berichte umfassen im Optimalfall die Daten und Informationen zu den beteiligten Personen (Adressat*innen und Fachkräfte), die Faktenlage zum Fall (Sachverhalte), die Einschätzungen und Beurteilungen zur beschriebenen Situation, die fachlichen Folgerungen und Entscheidungen aus den getroffenen Einschätzungen und die gewählten Handlungsschritte und ggf. Folgen dieser Handlungsschritte. (Vgl. Schimke 2020; Brack/Geiser 1996)

Strukturelle allgemeingültige Merkmale für Verschriftlichungen, Berichte und Stellungnahmen lassen sich nach Inhalt, Sprache und Optik ausdifferenzieren (► Tab. 9).

Tab. 9: Strukturelle Merkmale von Berichten oder gutachtlichen Stellungnahmen

Inhalt	Sprache	Optik
nur das Wesentliche mitteilen	verständliche, einfache Sätze	gegliedert
folgerichtig aufgebaut	»Fremdwörter«/»Fachwörter« werden erklärt	übersichtlich angeordnet

Tab. 9: Strukturelle Merkmale von Berichten oder gutachtlichen Stellungnahmen – Fortsetzung

Inhalt	Sprache	Optik
einfach dargestellt	konkret	Wesentliches ist gekennzeichnet
	anschaulich	

Schreiben ist als Teil professioneller Handlungskompetenz zu verstehen. Die sozialpädagogische Fachkraft muss in Bezug auf das Schreiben und Dokumentieren – auch hier knapp zusammengefasst – sehr komplexe Sachverhalte, z. B. die Lebenswelten der Adressat*innen, verstehen können (▶ Kap. 4.2). Auf dieser Grundlage hat sie sich im Hinblick auf das Schreiben als Expert*in zu verstehen und sich adressat*innenorientiert äußern zu können. Hierfür muss sie in der Lage sein, Informationen und Sachverhalte strukturiert zu übermitteln und auf deren Grundlage eine fachliche Bewertung inkl. eines Entscheidungsvorschlags bzw. einer Empfehlung vorzunehmen. (Vgl. Schimke 2020; Oberloskamp et.al. 2017)

Deutlich werden spätestens an dieser Stelle die Paradoxien, denen sich die Professionellen sowohl im Hinblick auf die Anforderungen an das Schreiben als auch die Standards für das Schreiben über Lebenszusammenhänge ihrer Adressat*innen stellen müssen. Merchel (2004) konstatiert hier folgende Paradoxien des Dokumentierens und Schreibens in sozialpädagogischen Handlungsfeldern:

> »Changieren zwischen unterschiedlichen Zwecken, die unvermeidliche Automatik des Etikettierens, die Spannung zwischen fall- und situationsbezogener Bedeutung des Dokumentierens einerseits und seiner organisationsbezogenen Relevanz andererseits« (Merchel 2004, 38).

Besonders hervorzuheben ist an dieser Stelle der Einfluss der Haltung der Professionellen, die auch im Geschriebenen ihren Ausdruck findet. Blandow spricht in diesem Zusammenhang von »pädagogische[m] Takt« (Blandow 2001, 140) und meint das Vermögen, aber auch die Verantwortung der Professionellen gegenüber ihren Adressat*innen, ihnen ihren Subjektstatus zu belassen, für einen konstanten Dialog – auch über Handlungs- und Hilfekonsequenzen – offen zu sein, gleichzeitig aber auch die Tatbestände und Beobachtungen wahrheitsgemäß zu dokumentieren und Interpretationen sowie fachliche Bewertungen kenntlich zu machen (vgl. ebd. 141).

Folglich hängt der Qualitätsgehalt des Geschriebenen vom Qualitätsgrad der zuvor im Fallverlauf verfassten Dokumentationen, Zwischenberichten, Vermerken und auch dem methodischen Können im Kontext der Zusammenarbeit mit den Adressat*innen, z. B. im Rahmen des Fallverstehens und der Diagnostik, ab.

Schreiben können ist Teil und Ausdruck der Fachlichkeit im ASD, es ist keine zusätzliche lästige Aufgabe, sondern ein fester Bestandteil im Tätigkeitsfeld. Voraussetzung für das Verfassen von Berichten und gutachtlichen Stellungnahmen ist das Fallverstehen. Darüber hinaus ist eine gut strukturierte, geordnete und systematisierte Fallakte wichtig – die Fallakte ist ein Hilfs- und Rechtfertigungsmittel, aber auch ein Werkzeug im Kontext des Berichtswesens.

Grundsätzlich gilt für die Anfertigung von Berichten und gutachtlichen Stellungnahmen:

- *Rückgriff auf eine Gliederung:* Die ASD-Fachkraft greift auf eine fachlich versierte, strukturierte Gliederung im Berichtswesen zurück. Hierfür liegen ihr Gliederungsvorgaben, die sie jeweils flexibel dem Einzelfall und Berichtsthema/Berichtsanliegen anpasst. Liegen keine Gliederungen für das Berichtswesen im ASD vor, sieht sich die Fachkraft ständig herausgefördert (besser: überfordert), auszuloten, was alles in einen Bericht gehört.
- *Zielorientierung:* Was wesentlich in einen Bericht gehört, richtet sich auf das Ziel, das Ergebnis, die Empfehlung aus. Von daher muss das Ergebnis des Berichts oder der gutachtlichen Stellungnahme vor Schreibstart feststehen. Ein Bericht wird nicht als Suchbewegung verwendet, um mal zu schauen, was am Ende dabei herauskommt. Im Vorfeld hat daher die ASD-Fachkraft festzustellen, welche Interpretation der Sachverhalte vorgenommen wird, wie die Situation(en) bewertet ist bzw. sind und welche Empfehlungen, Ergebnisse feststehen.
- *Klarheit von Auftrag und Rolle:* Die ASD-Fachkraft weiß um ihre Rolle als Expert*in. Sie äußert sich professionell, begründet fachlich.

- *Adressatenorientierung:* Die ASD-Fachkraft hat den*die Adressat*in des Berichtes oder der gutachtlichen Stellungnahme (z. B. Familienrichter) inkl. seiner*ihrer Frage, des Auftrages, Anliegen oder Gesuches im Blick.

Was im ASD-Alltag durch Mitarbeitende benannt wird, ist die Fülle und der Aufwand an Verschriftlichungen – häufig in Verbindung mit dem Argument, dass ein Berichtswesen und eine umfängliche Dokumentation zur Absicherung im Fall in Bezug auf den Nachweis über das eigene fachliche Handeln (Absicherung Verantwortung/Fahrlässigkeit) notwendig ist. Das Gefühl, sich absichern zu müssen, sowohl von dem*der einzelnen Mitarbeitenden als auch von der Abteilung oder dem Jugendamt, ist Alltag. Die Frage nach der Sinnhaftigkeit und auch tatsächlicher Praktikabilität einer in vielen Einrichtungen des ASD vorherrschenden überladenen und ausufernden Verschriftlichung sowie eines überbordenden Berichtswesens kann an dieser Stelle nicht ausreichend diskutiert werden. Nichtsdestotrotz erscheint es wichtig zu betonen, dass das Berichtswesen im ASD in den nächsten Jahren sowohl durch den Eingang von Künstlicher Intelligenz als auch durch die nicht ausreichende Personalsituation realistisch und umsichtig auf den Prüfstand gestellt werden sollte.

4.5.1 Gliederung für einen Hilfeplan

Die hier beispielhaft vorgestellten Gliederungen erheben nicht den Anspruch auf Vollständigkeit, auch müssen – je nach Berichtinhalt, Auftrag und Adressat (z. B. Familiengericht – Familienrichter) – nicht zu allen Gliederungspunkten geschrieben werden. Verstehen lassen sich die Gliederungen eher als mögliche Gliederungspunkte, die je nach Fall und Anlass in den Bericht Eingang finden können.

Beispielhaft wird im folgenden Kasten die Gliederung für einen Bericht, eine Hilfeplanvorlage aufgeführt, um zu veranschaulichen,

- wie strukturierte Berichte zu fassen sind,
- welche Gliederungspunkte je nach Fall notwendig sein können und

- welche klaren Strukturen der ASD-Fachkraft Sicherheit bieten können.

Hilfeplan – Vorlage Beispiel

(eingeordnet in ein standardisiertes (Brief-)Papier oder digitale Vorlage des ASD/Jugendamtes

1. Personalien/Daten der Familie
2. Art der Hilfe
3. Berichtszeitraum
4. Ziele (Hilfeplan)
5. Sachverhalte im Betreuungszeitraum (hier keine Bewertung!)
   5.1 Familie
   Materielle Situation
   Finanzielle Situation
   Netzwerke der Familie
   5.2 Eltern/ Mutter/Vater
   Paarbeziehung/Elternbeziehung
   Verhalten der Erziehungsperson in der häuslichen Gemeinschaft
   Gesundheit
   Ressourcen
   Netzwerke
   5.3 Kind/Kinder
   Versorgung, körperlicher Zustand, Ernährung
   Gesundheit
   Entwicklungsstand
   Verhaltensauffälligkeiten
   Kita/Schule
   Netzwerke/Kontakte außerhalb der Familie
   Ressourcen
6. Erreichte Ziele im Betreuungszeitraum
7. Themen (neu)
8. Fachliche Beurteilung und Empfehlung durch die sozialpädagogische Fachkraft

Stundenerhöhung oder Reduzierung; Ergänzende/andere Hilfen, neue Ziele

4.5.2 Gliederung für eine gutachtliche Stellungnahme

Darüber hinaus wird in der Kinder- und Jugendhilfe die Anfertigung einer gutachtlichen Stellungnahme im Rahmen der Mitwirkung in familiengerichtlichen Verfahren, z. B. bei Trennung und Scheidung in Verbindung mit der Regelung der elterlichen Sorge oder der Regelung des Umgangs, bei Verdacht auf Kindeswohlgefährdung und weiterer Regelungsfälle notwendig. Das Ziel einer gutachtlichen Stellungnahme ist, so Schimke (2020),

> »eine klar strukturierte, verständliche, subjektive, nachvollziehbare Beschreibung von Sachverhalten in Verbindung mit einer fachlichen Bewertung und einem Entscheidungsvorschlag« (Schimke 2020, 264).

Mit einer gutachtlichen Stellungnahme tritt – knapp zusammengefasst – somit die sozialpädagogische Fachkraft in den fachlichen Diskurs mit kooperierenden Institutionen (z. B. Familiengericht), durch sie wird ein Bild von der Fachlichkeit der Sozialarbeiter*innen gezeichnet und letztendlich ein Bild vom Stellenwert in der Zusammenarbeit zwischen verschiedenen Professionen deutlich. Grundsätzlich sollte eine gutachtliche Stellungnahme nachvollziehbar sein, *muss* eine Trennung von Fakten (Sachverhaltsdarstellung ohne Interpretation und Bewertung!) und Bewertungen vornehmen, dem Beratungsbedarf des Gerichtes entsprechen, aus sich selbst heraus verständlich sein, die notwendigen Tatsachen vollständig darstellen, engagiert für das Wohl der Betroffenen sein, »objektiv« sein oder die subjektive Sichtweise erkennen lassen, fachlich wissenschaftlich verlässlich und in der Ausdrucksweise rücksichtsvoll sein sowie Personen mit Namen benennen. (Vgl. Schimke 2020; Oberloskamp et al. 2017)

Gliederungspunkte einer gutachtlichen Stellungnahme (Entwurf)

(eingeordnet in ein standardisiertes (Brief-)Papier oder digitale Vorlage des ASD/Jugendamtes)

Mitteilung/Anrufung des FamG gemäß …; betreffend die Kinder/Familie…

- Personalien/Angaben zu den Betroffenen
- Personenstandsangaben
- Familien- und Sorgerechtsverhältnisse
- Betreuungssituationen
- Ggf. Hinweise auf (bisherige/weitere) gerichtliche Verfahren

Quellen
(Telefonate, Gesprächstermine, Hausbesuche, Trägerberichte, HPG-Berichte etc.)

Art/en der Hilfe (evtl. Tabelle)

Anlass: Grund für die Anrufung des FamG (z. B. wiederholte Meldung häusliche Gewalt)

Sachverhaltsdarstellung (Darstellung der Tatsachen, des Geschehens ohne Bewertung, Interpretation, Diagnose und Prognose)

Familie

- Materielle/häusliche Situation
- Finanzielle Situation
- Netzwerke der Familie

Eltern/Mutter/Vater

- Paarbeziehung/Elternbeziehung
- Verhalten der Erziehungsperson in der häuslichen Gemeinschaft
- Gesundheit
- Ressourcen
- Netzwerke
- Sichtweisen der Eltern

Situation des Kindes (bei mehreren jedes Kind einzeln)

- Versorgung, körperlicher Zustand, Ernährung
- Gesundheit
- Entwicklungsstand
- Bindung zum jeweiligen Elternteil
- Verhaltensauffälligkeiten
- Kita/Schule
- Netzwerke/Kontakte außerhalb der Familie
- Ressourcen
- Sichtweise des jeweiligen Kindes

Hilfeverlauf (sofern nicht schon oben angegeben)

- Besondere Momente
- Vereinbarungen
- Kooperationen

Fachliche Beurteilung/sozialpädagogische Einschätzung

Kind

- Gefährdung/Gefährdungsmomente
- Prognose/Perspektive/Folgen

Eltern

- Fähigkeit der Erziehungsberechtigten, Gefährdung abzuwenden und Schutz des Kindes/der Kinder sicherzustellen und aufrechtzuerhalten
- Mitwirkungsbereitschaft/Kooperation der Erziehungsberechtigten

Hilfen

- Abzuleitende/notwendige Hilfebedarfe und Grenzen

Vorschlag/Empfehlung

- Zusammenfasssende Einschätzung (kurz)
- Vorschlag/Vorschläge:
  Aufgrund der dargestellten Sachverhalte und der daraus abgeleiteten fachlichen Beurteilung wird empfohlen,
  a) in Bezug auf ...
  b) in Bezug auf ...
  c) ...

Zusammenfassend wird deutlich, dass das Schreiben und Dokumentieren in der Kinder- und Jugendhilfe primär drei zentrale Merkmale aufweist:

a) Schreiben dient als Strukturierungs- und Erinnerungshilfe für die fallzuständige Fachkraft und ihrer Kolleg*innen,
b) die Schriftstücke haben sowohl im organisationalen Binnen- als auch Außenverhältnis einen Kontroll- und Legitimationszweck und
c) Schreiben und Dokumentieren sind ein wesentlicher Teil sozialpädagogischer Diagnostik und des professionellen Fallverstehens (vgl. Ader & Schrapper 2020, 260 ff.; Reichmann 2016, 7 f.; Merchel 2004, 29).

Auf den Punkt gebracht (Teil I)

Methodisches Handeln im ASD unterliegt vielschichtigen und dynamischen Prozessen, was eine hohe Fachkompetenz, Empathie und Flexibilität erfordert. Durch die Kombination verschiedener methodischer Ansätze und Prinzipien (eklektisches Handeln) sind Fachkräfte imstande, den vielfältigen Anforderungen ihrer Tätigkeit gerecht zu werden und effektive Unterstützung für Kinder, Jugendliche und ihre Familien zu leisten.

Fallverstehen und Diagnostik
Sozialpädagogisches Fallverstehen ist ein zentrales Element professioneller sozialpädagogischer Praxis und dient der fundierten Analyse und Bearbeitung individueller Fälle in der Sozialen Arbeit. Dieser Ansatz beruht auf der Annahme, dass jede Person, jede Familie und jede Situation einzigartig ist und daher ein individuelles Verständnis und spezifische Herangehensweisen erfordert. Das sozialpädagogische Fallverstehen kombiniert das Wissen über soziale Problematiken mit den individuellen Lebensgeschichten, Bedürfnissen und Ressourcen der Klient*innen. Es setzt ein hohes Maß an Empathie, Fachwissen, analytischer Kompetenz und Reflexionsfähigkeit voraus und ist unerlässlich für eine professionelle, individuell angepasste Arbeit im ASD. Kernelemente des sozialpädagogischen Fallverstehens sind: Ganzheitlichkeit, Subjektorientierung, Ressourcenorientierung, Interdisziplinarität und Reflexivität. Methodische Anforderung sind: Gesprächsführung und Kommunikation, Biografiearbeit, systemisches analytisches Denken, kritische Reflexion und Dokumentation.

Hilfeplanung
In der ASD-Arbeit gilt Hilfeplanung als Schlüsselprozess. Die Hilfeplanung ist ein strukturierter Prozess, der darauf abzielt, passgenaue Hilfen für Kinder, Jugendliche und ihre Familien zu konzeptualisieren, zu implementieren und zu evaluieren. Im Fokus steht das Ziel, individuelle und familiäre Krisensituationen zu bewältigen, Entwicklungsprozesse zu fördern und das Wohl des Kindes oder Jugendlichen

zu sichern. Die Hilfeplanung im ASD erfordert ein hohes Maß an Fachwissen, Flexibilität und Kreativität. Die Hilfeplanung ist sowohl als Prozess der Aushandlung und Vereinbarung als auch als Prozess zur Auftragsklärung und Kontrolle zu verstehen und zu gestalten. Der Aushandlungs- und Vereinbarungsprozess setzt das aktive und reflexive Fallverstehen, die Dialogbereitschaft und die Aushandlungsbereitschaft (anstatt einer Expertendiagnose) in den Mittelpunkt. Die Haltung der ASD-Fachkraft zeichnet sich hierbei durch die Bereitschaft zur Förderung der Selbstwirksamkeit der Adressat*innen, durch Transparenz, eine machtreflexive wie kontrollsensible Haltung und Begegnungsweise aus. Damit ist der Prozess der Aushandlung und Vereinbarung nicht nur ein rein administrativer Prozess, sondern gleichzeitig auch ein Beziehungsprozess, in dem die Beziehungsaufnahme und -gestaltung durch die ASD-Fachkraft mit dem Ziel der Entlastung, Unterstützung und Hilfe für die Adressat*innen im Fokus steht. Der Auftragsklärungs- und Kontrollprozess ist im Rahmen der verwaltungsrechtlichen Einordnung als Geschäftsprozess zu verstehen. Hier wird die Auftragsklärung und -vereinbarung im Dreiecksverhältnis (sozialrechtliches Leistungsdreieck) vorgenommen, die Aufträge vertraglich festgelegt, entsprechend übernommen, die Leistungen tatsächlich erbracht und die Qualität sowie die Ergebnisse überprüft und gemeinsam bewertet. Kernelemente der Hilfeplanung sind: Bedarfsfeststellung, Maßnahmenplanung, Umsetzung der Hilfen und Reflexion. Methodische Anforderungen sind: kommunikative Kompetenzen, Partizipationsförderung, Ressourcenorientierung, Netzwerk- und Sozialraumarbeit, Ziel- und lösungsorientierte Arbeitsweisen, fachliche Reflexion und Supervision.

Schutzauftrag bei Kindeswohlgefährdung
Der Schutzauftrag bei Kindeswohlgefährdung nimmt eine zentrale Stellung in der Arbeit des ASD ein. Er resultiert aus rechtlichen Vorgaben, insbesondere aus § 8a SGB VIII, und definiert das Vorgehen bei Anhaltspunkten für eine Gefährdung des Wohls eines Kindes oder Jugendlichen. Die Umsetzung des Schutzauftrags erfordert eine Kombination aus fachlichen, methodischen und persönlichen Kompeten-

zen, um angemessen auf Gefährdungssituationen reagieren zu können. Kernelemente des Schutzauftrages bei Kindeswohlgefährdung sind: Wahrnehmung und Einschätzung der Gefährdung, interdisziplinäre Kooperationen, Einbezug der Sorgeberechtigten und der betroffenen Kinder/Jugendlichen, Entscheidung über notwendige Hilfen und Maßnahmen, Dokumentation. Methodische Anforderungen sind: Einschätzungs- und Beurteilungskompetenz, Kommunikationsfähigkeit, Kriseninterventions- und Konfliktlösungskompetenz, Kooperationskompetenz.

Dokumentation, Berichtswesen, gutachtliche Stellungnahmen
Dokumentationen, Berichte und gutachtliche Stellungnahmen sind wesentliche Bestandteile der ASD-Arbeit. Sie dienen nicht nur der internen und externen Kommunikation, sondern auch der Qualitätssicherung und rechtlichen Absicherung. Die sorgfältige Erstellung dieser Dokumente ist daher unerlässlich. Die Qualität professionellen Schreibens im ASD trägt maßgeblich zur Professionalität und zur Rechenschaftsfähigkeit bei. Kernelemente sind: genaue Darstellung der Sachverhalte, Neutralität und größtmögliche Objektivität, Nachvollziehbarkeit, fachliche Fundierung, Berücksichtigung von Datenschutz und Achtung vor dem Menschen. Methodische Anforderungen sind: analytische Fähigkeiten, schriftliche Ausdrucksstärke, Kenntnisse formaler Anforderungen, professionelle Distanz.

Reflexionsfragen

- Erklären Sie eklektisches Handeln. Was sind hier Ihrer Meinung nach die besonderen Herausforderungen für Fachkräfte im ASD?

Sozialpädagogisches Fallverstehen und Diagnostik

- Wählen Sie ein Praxisbeispiel. Wie haben Sie versucht, die Situation des*der Adressat*in und seine*ihre Perspektive zu verstehen? Welche Methoden oder Techniken haben Sie angewendet, um ein tieferes Verständnis zu erreichen? Warum?

- Üben Sie! Füllen Sie eine Netzwerkkarte und eine Ressourcenkarte aus.
- Jetzt üben Sie zu zweit. Lassen Sie Ihr Gegenüber eine Netzwerkkarte und/oder Ressourcenkarte ausfüllen. Vergleichen Sie Ihre Erfahrungen: Wie gestaltete sich die Interaktion zwischen Ihnen? Welche Herausforderungen und Möglichkeiten ergaben sich aus dieser Interaktion?

Hilfeplanung

- Wählen Sie ein Praxisbeispiel. Inwiefern haben Sie den tatsächlichen Bedarf des*der Klient*in erfasst und verstanden?
- Definieren Sie smarte Ziele.
- Welchen Einfluss hatten Ihre professionellen Haltungen und persönlichen Werte auf Entscheidungen und Interventionen?

Schutzauftrag bei Kindeswohlgefährdung

- Wie sicher fühlen Sie sich in der Einschätzung von Anzeichen und der Beurteilung von Gefährdungslagen? Welche Möglichkeiten haben Sie, Ihre Einschätzungen zu verbessern?
- Wie könnten Sie die betroffenen Kinder, Jugendlichen und deren Familien in den Prozess einbeziehen? Wie und wann fühlen sich die Beteiligten gehört und ernst genommen?
- Wie gehen Sie mit Situationen um, in denen die Informationen unklar sind oder die Einschätzungen divergieren? Welche Strategien nutzen Sie, um ihre Unsicherheit zu bewältigen?
- Auf Basis welcher Überlegungen können Sie die Implementierung bestimmter Interventionsmaßnahmen entscheiden? Warum?
- Auf welche persönlichen Grenzen sind Sie oder könnten Sie in der Auseinandersetzung mit Kindeswohlgefährdungsfällen gestoßen sein? Wie können Sie mit emotional belastenden Situationen umgehen und diese bewältigen?

Dokumentation, Berichte und gutachtliche Stellungnahmen

- Üben Sie!
- Wählen Sie ein Praxisbeispiel und schreiben Sie eine Sachverhaltsdarstellung oder eine gutachtliche Stellungnahme.
  - Haben Sie alle relevanten Perspektiven berücksichtigt und eigene Vorurteile oder Annahmen reflektiert? Inwiefern könnten Ihre persönlichen Erfahrungen oder Einstellungen die Darstellung beeinflusst haben?
  - Wie klar haben Sie zwischen beobachtbaren Fakten und persönlichen Interpretationen unterschieden? Haben Sie tatsächlich fachliche Interpretationen vorgenommen? Sind Interpretationen eindeutig als solche gekennzeichnet?
  - Sind alle in den Bericht oder die Stellungnahme aufgenommenen Informationen relevant für die Fragestellung? Gibt es Inhalte, die eventuell weggelassen werden könnten, ohne den Aussagegehalt zu mindern?
  - Ist die Darstellung auch für Außenstehende, die weniger mit dem Fall vertraut sind, klar und nachvollziehbar? Könnte jemand, der nicht am Prozess beteiligt war, Ihre Schlussfolgerungen verstehen?
  - Inwiefern basieren Ihre Einschätzungen und Empfehlungen auf fachlichen Standards, aktuellen Forschungserkenntnissen oder gesetzlichen Vorgaben? Haben Sie Ihre Argumentation ausreichend belegt?
  - Haben Sie die Persönlichkeitsrechte der Betroffenen geachtet und sensible Daten geschützt? Reflektieren Sie die ethischen Dimensionen Ihrer Einschätzungen und Empfehlungen ausreichend?
  - Sind alle Schritte, die zu Ihren Einschätzungen oder Empfehlungen geführt haben, klar dokumentiert und nachvollziehbar?

Weiterführende Literatur

Methodisches Handeln

Heiner, Maja (2018): Kompetent handeln in der Sozialen Arbeit. München: Ernst Reinhardt Verlag.

Diagnostik

Ader, Sabine & Schrapper, Christian (Hrsg.) (2020). Sozialpädagogische Diagnostik und Fallverstehen in der Jugendhilfe. München: Ernst Reinhardt Verlag.

Müller, Burkhardt (2017): Sozialpädagogisches Können: ein Lehrbuch zur multiperspektivischen Fallarbeit (8., aktualisierte und erweiterte Edition). Freiburg i. Br.: Lambertus Verlag.

Uhlendorff, Uwe (2022): Methoden Sozialpädagogischen Fallverstehens in der Sozialen Arbeit. Ein Grundkurs. Weinheim & Basel: Beltz.

Hilfeplanung

BAG LJA – Bundesarbeitsgemeinschaft Landesjugendämter (2023b): Empfehlungen Qualitätsmaßstäbe und Gelingensfaktoren für die Hilfeplanung gemäß §36 SGB VIII (2, vollständig überarbeitete Auflage). Münster und München. Unter: https://cloud.lwl.org/s/RwJqgqBeAz8SrWM?path=%2FEmpfehlungen, Zugriff: 08.09.2024

Schwabe, Mathias (2019): Methoden der Hilfeplanung. Zielentwicklung, Moderation und Aushandlung (5. Auflage). Weinheim & Basel: Beltz Juventa.

Kinderschutz

Alle, Friederike (2020): Kindeswohlgefährdung. Das Praxishandbuch (4. Auflage). Freiburg i. Br.: Lambertus Verlag.

Biesel, Kai & Urban-Stahl, Ulrike (2022): Lehrbuch Kinderschutz (2., überarbeitete und erweiterte Auflage). Weinheim & Basel: Beltz Juventa.

Fegert, Jörg M., Meysen, Thomas, Kindler, Heinz, Chauvré-Gerb, Katrin, Hoffmann, Ulrike & Schumann, Eva (Hrsg.) (2023): Gute Kinderschutzverfahren. Tatsachenwissenschaftliche Grundlagen, rechtlicher Rahmen und Kooperation im familiengerichtlichen Verfahren. Wiesbaden: Springer.

Kindler, Heinz, Lillig, Susanna, Blüml, Herbert, Meysen, Thomas & Werner, Annegret (2006) (Hrsg.): Handbuch Kindeswohlgefährdung nach § 1666 BGB und Allgemeiner Sozialer Dienst (ASD). München: Deutsches Jugendinstitut e. V.

Dokumentation

Merchel, Joachim (2004): Pädagogische Dokumentation zwischen Etikettierung und Ausweis fachlichen Handelns. In: Henes, Heinz & Trede, Wolfgang (Hrsg.): Dokumentation pädagogischer Arbeit. Grundlagen und Methoden für die Praxis der Erziehungshilfen (S. 15–41). Frankfurt a. M.: IgfH-Eigenverlag.

Oberloskamp, Helga, Borg-Laufs, Michael, Röchling, Walter; Seidenstücker, Barbara (2017): Gutachtliche Stellungnahmen in der Sozialen Arbeit. Weinheim & Basel: Beltz Juventa.

5 Professionelle Handlungskompetenz der ASD-Fachkraft

☞ Überblick

Zunächst wird der Blick auf professionelles Handeln in der Sozialen Arbeit gelegt und mithilfe des Rahmenkonzepts der professionellen Handlungskompetenz ausdifferenziert. Darauf aufbauend und unter Bezugnahme der bisherigen Ausführungen wird dann – anstatt einer Zusammenfassung – das professionelle Handlungskompetenzmodell für eine ASD-Fachkraft konstatiert.

5.1 Professionelles Handeln

Das Kompetenzprofil einer Fachkraft im ASD ist vielschichtig und erfordert ein breites Spektrum an Fähigkeiten, Wissen und persönlichen Eigenschaften. Angesichts der Komplexität der Aufgaben, mit denen ASD-Fachkräfte konfrontiert werden, müssen sie über Fachkompetenzen verfügen, die weit über das Grundwissen der Sozialen Arbeit hinausgehen. Ein effektives Kompetenzprofil einer ASD-Fachkraft umfasst verschiedene Dimensionen. Um dieses Profil aufzuzeigen, muss zunächst herausgestellt werden, was professionelle Handlungskompetenz in der Sozialen Arbeit grundsätzlich ausmacht.

Laut dem Soziologen und Sozialarbeitswissenschaftler Albert Scherr (2018) ist professionelles Handeln

> »im Kern immer dann gefordert, wenn komplexe Problemlagen vorliegen, für die es keine einfachen und eindeutigen Lösungen gibt[,] sowie wenn für das Verständnis der Problemlagen mehr als Alltagswissen und für mögliche Formen des Umgangs mit diesen spezialisiertes Fachwissen und Methodenkenntnisse erforderlich sind« (Scherr 2018, 9).

Insofern zeichnet sich die Soziale Arbeit durch professionelles Handeln aus, da sie

- die Bearbeitung bedeutsamer sozialer Probleme Einzelner oder der Gesellschaft vornimmt,
- dafür die Fähigkeit zur eigenständigen Nutzung wissenschaftlichen Wissens und Denkens besitzt (abgesichert durch z. B. eine akademische Ausbildung),
- eine größere Autonomie als anderen Berufen zugestanden wird und
- sich auf einen eigenen, gegenüber anderen Berufen abgrenzbaren Gegenstandsbereich bezieht und hierfür eigens fachliche Standards formuliert (im Sinne einer Kompetenzdomäne) und nach ihnen handelt (im Sinne spezifischer Handlungskompetenzen) (vgl. Heiner 2021, 160 ff.; siehe zum Professionalisierungsdiskurs der Sozialen Arbeit u. a. Dewe & Otto 2018; Heiner 2010).

Professionelle Handlungskompetenz in der Sozialen Arbeit, so Treptow, meint

> »in einem engeren und professionstheoretischen Sinne die subjektiven Voraussetzungen für das spezialisierte Können von Fachkräften, das von ihrer beruflichen Position im Gefüge sozialer Dienste und Aufgaben erwartet wird. [...] Professionelle sozialpädagogische Handlungskompetenz zeichnet sich durch die reflektierte Verbindung beider aus« (Treptow 2018, zitiert nach von Spiegel 2021, 76).

In ihrem Modell erfasst von Spiegel (2021) die unterschiedlichen Kompetenzen und Wirkungsbereiche einer sozialarbeiterischen/sozialpädagogischen Profession im Ganzen (▶ Abb. 28). Das Kompetenzmodell beschreibt zu erwerbende Einzelkompetenzen, welche in Kompetenzbündeln zusammengefasst werden. Diese finden sich in einem Orientierungsrahmen, der die Anforderungen an sozialberufliches Handeln in zwei Handlungsebenen (Fall- und Managementebene) und drei

Dimensionen (Wissen, Können, Haltung) ordnet (vgl. von Spiegel 2021, 84 ff.). Die Fallebene beschreibt die Ebene, auf der Aufgaben und Prozesse in konkretem Kontakt mit den Adressat*innen Sozialer Arbeit erfolgen (z. B. Kommunikationssituationen, Prozessabläufe). Auf der Managementebene sind die mittelbaren Arbeitsprozesse, die entweder Voraussetzung für die konkrete Fallarbeit oder eine Folge der konkreten Fallarbeit darstellen, verortet (z. B. Leitbilderstellung, Konzeptentwicklung, Verfahrensstandards).

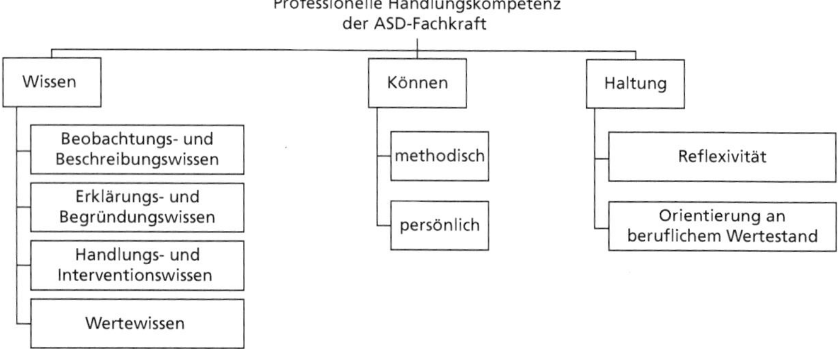

Abb. 28: Rahmenkonzept professioneller Handlungskompetenz (nach von Spiegel 2021, eigene Darstellung)

Die *Dimension des Wissens* umfasst Grundlagen wissenschaftlicher Wissensbestände, auf die Professionelle in der Ausgestaltung ihres beruflichen Handelns zurückgreifen können müssen. Wissensdimensionen sind nach von Spiegel das Beobachtungs- und Beschreibungswissen, das Erklärungs- und Begründungswissen, das Handlungs- und Interventionswissen und das Wertewissen.

Wissenschaftliches Wissen

»Der Begriff des wissenschaftlichen Wissens bezieht sich auf ein System von Aussagen (Theorien), die auf begründbaren und überprüfbaren Erkenntnissen beruhen. Es konstituiert sich durch einen definierten Untersuchungsgegenstand (Erkenntnisobjekt), durch die Bildung von

Kategorien (präzise definierte Begriffe, Fachsprache), die sachlogisch aufeinander bezogen sind, und durch besondere Verfahren der Erkenntnisgewinnung (Forschungsmethoden). Wissenschaftlich gewonnenes Wissen unterscheidet sich vom Alltagswissen durch die methodische Vorgehensweise, die Systematisierung von Erkenntnissen und die Norm der interpersonalen Überprüfbarkeit von Aussagen bzw. Ergebnissen. Entscheidend für die Theoriebildung ist die Art und Weise, wie Erkenntnisse gewonnen werden.« (von Spiegel 2021, 48)

In Bezug auf die *Dimension des Könnens* verweist von Spiegel auf ein Bündel an methodischen Fähigkeiten, die zur Umsetzung beruflicher Aufgaben notwendig sind. Hier unterscheidet von Spiegel in methodisches und persönliches Können. Ersteres bedeutet die Beherrschung von Grundoperationen wissenschaftlich geleiteten methodischen Handelns, z. B. die Fähigkeit zum Beziehungsaufbau oder zur Gesprächsführung. Das persönliche Können beinhaltet u. a. die Fähigkeit zur Empathie oder zum Aushalten von ungeklärten Situationen. Diese Kompetenzen sind im Wesentlichen erlernbar und können eingeübt werden. Neben Grundoperationen methodischen Handelns sind auch Fähigkeiten und Arbeitstechniken zur effektiven Gestaltung von Arbeitsprozessen hier verankert.

Können

»Die Dimension des Könnens umfasst Fähigkeiten zur ›handwerklichen‹ Umsetzung beruflicher Aufgaben. Die hier genannten Kompetenzen bauen auf den […] Schlüsselkompetenzen auf, allen voran Kommunikationsfähigkeit und Flexibilität, ohne die der Einsatz der Person als Werkzeug nicht denkbar ist.« (Ebd., 85 f.).

Die *Dimension der beruflichen Haltung* verweist darauf, dass jegliches berufliches Handeln in der Sozialen Arbeit wertegeleitetes Handeln ist. Darüber hinaus ist das Handeln in der Sozialen Arbeit untrennbar mit der Fachkraft als Person und ihren persönlichen Lebensbedingungen, Lebenskonzepten und Lebenserfahrungen verbunden. Die Bedeutung der

Persönlichkeit von Fachkräften spielt eine große Rolle und grundsätzlich gilt, dass individuelle Muster von Grundeinstellungen, Überzeugungen und Werten das Denken und Handeln in Situationen prägt – hinter jeder menschlichen Handlung steht eine Grundhaltung und jede Haltung drückt sich in bestimmten Handlungen aus. Gerade hier müssen sich im Rahmen der professionellen Handlungskompetenz dementsprechend reflexive Kompetenzen finden lassen, um die eigenen Werte und Einstellungen und die eigene Biografie als wichtige Kristallisationspunkte vor dem Hintergrund des beruflichen Wertewissens und berufsethischer Standards (wie z.B. Menschenrechte, Code of Ethics IFSW 2004, UN-Kinderrechtskonvention 1989) zu reflektieren und so die Entwicklung einer reflektierten beruflichen Haltung zu fördern (vgl. von Spiegel 2021, 90ff.).

Haltung

»Die professionelle Haltung verweist im Unterschied zum professionellen Können auf die Persönlichkeit. Charakterliche, motivationale und generell emotionale Aspekte der Persönlichkeit lassen sich nicht systematisch, etwa durch den Erwerb von Wissen bearbeiten (Rätz 2011), aber man kann in geeigneter Form, z.B. in begleiteten Seminaren, Supervisionssitzungen und kollegialen Beratungen daran arbeiten. Handlungen und Haltungen gehören zusammen: Hinter jeder Handlung steht eine Haltung und umgekehrt drückt sich jede Haltung in bestimmten Handlungen aus. Darum sind noch so gut geplante Programme (Handlungsvorschriften) sinnlos, wenn sie nicht mit einer entsprechenden Haltung verbunden werden.« (von Spiegel 2021, 90f.)

Professionalitätsprofile werden zwar nicht ausschließlich, aber doch auch durch die Eigenheiten des Handlungsfeldes mitbestimmt. Hierdurch ergibt sich die Frage nach einer bestimmten Prägung der Fachkraft in der Kinder- und Jugendhilfe, speziell dem ASD, durch die allgemeinen Strukturelemente des Handlungsfeldes ASD und aufgrund der Anforderungen aus diesem Handlungsfeld heraus (siehe auch Hansbauer, Merchel & Schone 2024). Folglich muss daher mit Bezug auf das als äußerst komplex geltende Handlungsfeld ASD eingeordnet werden, welche Elemente eine professionelle Handlungskompetenz umfasst und was letztendlich zum Anforderungsprofil einer professionellen Fachkraft im ASD gehört (von Spiegel 2021, 84 ff.).

5.2 Professionelles Handlungskompetenzmodell – anstatt einer Zusammenfassung

Anstatt einer schriftlichen Zusammenfassung wird hier ein professionelles Handlungskompetenzmodell für die ASD-Fachkraft auf Grundlage des zuvor erläuterten Rahmenkonzepts professioneller Handlungskompetenz nach von Spiegel (2021), den bisherigen Ausführungen dieses Buches und unter Hinzuziehung von Qualitätskriterien nach Merchel (2023a), dem ASD-Profilrahmen nach Merchel, Berghaus und Khalaf (2023) sowie Kriterien der Vertiefungsspur ASD (BAG ASD) dargelegt. Es besteht nicht der Anspruch auf Vollständigkeit – zumal für dieses Buch im Rahmen einer Einführung, wie zu Beginn erläutert, nur ausgewählte Kontexte, Kernelemente und -prozesse bearbeitet und dargestellt werden konnten.

In den Abbildungen wird dargestellt, welche Kenntnisse eine ASD-Fachkraft in Bezug auf die Dimension *Wissen* haben muss (▸ Abb. 29), welche methodischen und persönlichen Fähigkeiten in Bezug auf die Dimension *Können* erforderlich sind (▸ Abb. 30) und welche Auffassungen in Bezug auf die Dimension *Haltung* vorhanden sein müssen (▸ Abb. 31).

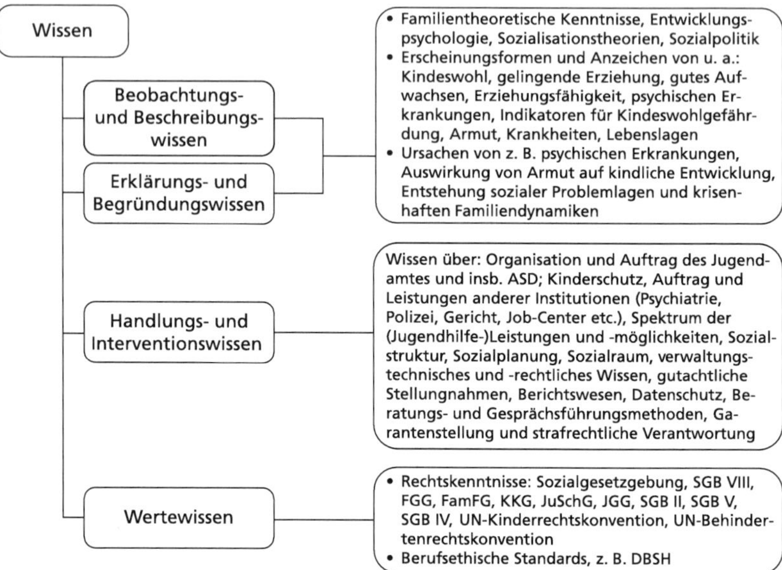

Abb. 29: Dimension »Wissen«

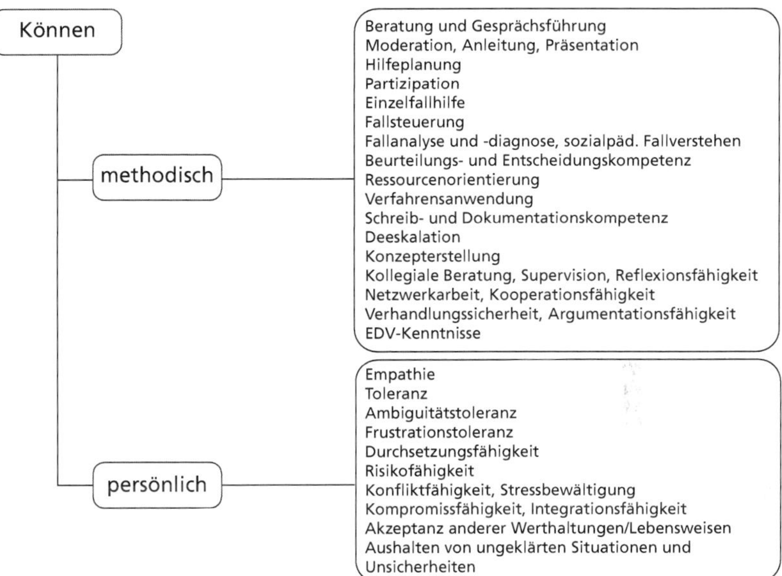

Abb. 30: Dimension »Können«

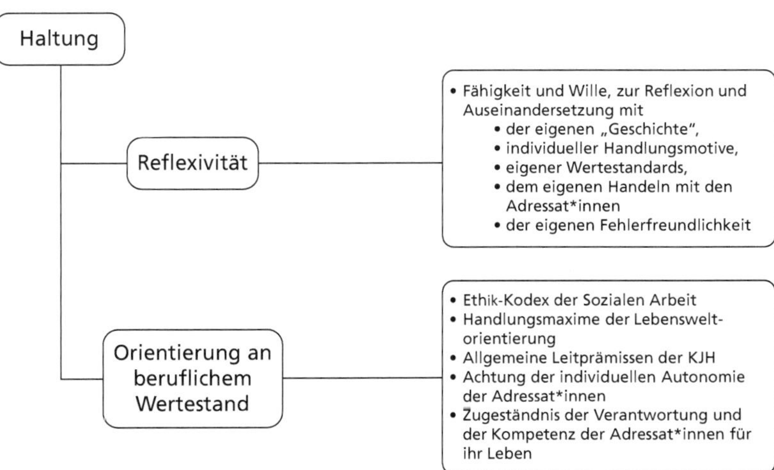

Abb. 31: Dimension »Haltung«

6 Aktuelle Herausforderungen – Ein knapper Ausblick

Die Arbeit des ASD ist einem steten Wandel unterworfen, der durch gesellschaftliche, politische und wirtschaftliche Entwicklungen beeinflusst wird. Aktuell stehen die Einrichtungen und Fachkräfte des ASD vor einer Reihe von Herausforderungen, die sowohl ihre Arbeitsweise als auch den Zugang zu und die Qualität der angebotenen Dienstleistungen betreffen. Im Sinne eines Ausblicks werden hier drei wesentliche aktuelle Herausforderungen für den ASD kurz skizziert:

Erste Herausforderung: Aktuelle gesellschaftliche Situation

Aufgrund der zunehmenden Komplexität der Fälle, z. B. Zunahme der Anzahl von Kindern, deren Eltern psychisch erkrankt sind, Zunahme psychischer Erkrankungen bei Jugendlichen, steigt der Bedarf an sozialen Dienstleistungen, was die vorhandenen Kapazitäten oft übersteigt. Diese Komplexität erfordert eine interdisziplinäre Herangehensweise und intensive Kooperation mit anderen sozialen Diensten und Einrichtungen, was wiederum hohe Anforderungen an Koordination und Management stellt. Die daraus resultierende Arbeitsbelastung für die Fachkräfte kann zu hohen Fluktuationsraten führen, was die Kontinuität und die Qualität der Betreuung gefährden.

Ferner führt die zunehmende Anzahl von Fällen, die der ASD bearbeitet, sowie die wachsende Komplexität von Problemlagen (z. B. durch gesellschaftliche Transformationsprozesse, zeitlich engere Abfolge von Krisen, Verschärfung der Unterschiede gesellschaftlicher Teilhabemöglichkeiten, siehe ism 2022) zu einem erhöhten Arbeitsaufwand und Druck auf bestehendes Personal. Gleichzeitig führt der demografische Wandel dazu, dass viele erfahrene Fachkräfte in den kommenden Jahren in den

Ruhestand gehen werden. Dies verstärkt den Bedarf an Nachwuchskräften im ASD, um das Ausscheiden von Fachpersonal zu kompensieren und kontinuierlich hochwertige soziale Dienstleistungen anbieten zu können. Der aktuell bestehende Fachkräftemangel stellt in diesem Kontext eine große Herausforderung dar. Um den Fachkräftebedarf im ASD zu decken, sind umfassende Maßnahmen und Strategien erforderlich. Dazu gehören die Verbesserung der Arbeitsbedingungen, Investitionen in die Aus- und Weiterbildung von (neuen und ASD-unerfahrenen) Fachkräften sowie innovative Rekrutierungskampagnen, um den Beruf attraktiver zu gestalten und mehr Menschen für die Arbeit im ASD zu gewinnen.

Zweite Herausforderung: Digitalisierung und KI

Die Digitalisierung birgt sowohl Chancen als auch Herausforderungen für die Arbeit im ASD und die Organisation selbst. Die zunehmende Integration digitaler Technologien in den Arbeitsalltag des ASD hat das Potenzial, Prozesse zu vereinfachen und neue Formen der Kommunikation und Interaktion mit den Klient*innen zu ermöglichen. Chancen könnten sein:

- Optimierung der Dokumentation und des Datenmanagements, z. B. Verwaltung von Fallakten und Dokumenten;
- Erhöhung der Erreichbarkeit und Zugänglichkeit durch digitale Kommunikationsmittel, vor allem für die Adressat*innen, die aufgrund von Mobilitäts- oder Kommunikationseinschränkungen oder geografischer Distanz eingeschränkt sind;
- Innovation, da neue Wege für Beratung und Unterstützung möglich sind.

Es bestehen allerdings auch Herausforderungen, wie z. B.:

- Datensicherheit durch Cyberbedrohungen von außen;
- Datenschutz, der höchste Standards in Bezug auf die sensiblen Daten, Fallakten etc. der Adressat*innen verlangt;
- Unterschiede in digitalen Kompetenzen und der digitalen Teilhabemöglichkeiten der Adressat*innen.

Die Digitalisierung im ASD erfordert sicherlich eine ausgewogene Herangehensweise, die die vielfältigen Potenziale nutzt, gleichzeitig aber auch die Risiken und Herausforderungen adressiert. Ziel muss es sein, die Qualität der Sozialen Arbeit mithilfe der Digitalisierung zu verbessern, ohne dabei den persönlichen Kontakt und die individuelle Betreuung durch den ASD zu vernachlässigen (siehe hierzu auch Berkemeyer & Pietsch 2024, 56).

Dritte Herausforderung: Inklusion, die große Lösung

Die Umsetzung einer inklusiven Jugendhilfe stellt eine zentrale Herausforderung für die Gesellschaft sowie Fachkräfte in der Kinder- und Jugendhilfe dar. Die Idee der Inklusion basiert auf dem Konzept, dass jeder Mensch das Recht hat, an allen Lebensbereichen gleichberechtigt teilzuhaben, unabhängig von persönlichen, sozialen oder körperlichen Voraussetzungen. Im Kontext der Jugendhilfe bedeutet dieses Prinzip, dass alle Kinder und Jugendlichen, einschließlich jener mit Behinderungen, die gleichen Chancen auf Unterstützung, Förderung und Teilhabe erhalten sollen. In der Gestaltung einer inklusiven Jugendhilfe spielt der ASD eine zentrale Rolle und steht vor speziellen Herausforderungen, wenn es darum geht, inklusive Strukturen und Praktiken zu implementieren.

Die Konzeption einer inklusiven Jugendhilfe verlangt vom ASD:

- *Kooperationen und Zusammenarbeit:* Die inklusive Jugendhilfe funktioniert nur im Rahmen eines gut ausgebauten kooperativen Netzwerks aus verschiedensten Akteuren. Der ASD ist gefordert, neue und/oder optimierte Kooperationen mit Schulen, Therapieeinrichtungen, Behindertenhilfe, Freizeiteinrichtungen und anderen sozialen Diensten aufzubauen und zu pflegen. Die Herausforderung liegt hierbei in der Überwindung von sektoralen und systemspezifischen Grenzen und der Schaffung eines gemeinsamen Verständnisses von Inklusion.
- *Barrierefreiheit:* Ein weiterer kritischer Punkt ist die Barrierefreiheit sowohl von (Beratungs-)Angeboten als auch in Bezug auf die bestehenden Verfahrensstandards und Prozesse im ASD, wie z. B. Hilfeplanung und das §8a-Verfahren inkl. der Gefährdungseinschätzung. Sie

umfasst nicht nur die physische Zugänglichkeit von Einrichtungen, sondern auch die barrierefreie Gestaltung von Kommunikationsmitteln und Informationsangebote sowie die Konzeptionierung und Implementierung teilhabeorientierter Prozess- und Verfahrensstrukturen, wie z. B. Hilfeplanung für und mit Kindern mit einer geistigen Behinderung, Indikatorenkataloge und Einschätzungsbögen für Kinder mit einer Behinderung im Rahmen einer Gefährdungseinschätzung.
- *Qualifikation und Weiterbildung:* Die inklusive Jugendhilfe erfordert eine breite Palette an fachlichen Kompetenzen und Wissen, um den verschiedenen Bedürfnissen von Kindern und Jugendlichen gerecht werden zu können. Dafür ist eine interdisziplinäre Ausrichtung des ASD nötig, die neben sozialpädagogischen therapeutische, psychologische und weitere spezifische Kenntnisse umfasst. Die Bereitstellung und kontinuierliche Weiterbildung der ASD-Fachkräfte für eine fachliche Weiterentwicklung in diesen Bereichen stellen eine wesentliche Herausforderung dar (siehe auch Pietsch & Klomann 2021).

Es existieren aktuell eine Reihe von Fragen. Mit Fokus auf den ASD lauten diese u. a.: Wie muss der inklusive ASD gestaltet sein? Wie sehen neue oder andere Verwaltungsstrukturen aus? Gibt es einen ASD für alle Kinder und Jugendlichen? Werden Fachdienste oder Fachteams gegründet? Was sieht unser Verwaltungsrecht vor?

Literatur

Ader, Sabine & Schrapper, Christian (Hrsg.) (2020). Sozialpädagogische Diagnostik und Fallverstehen in der Jugendhilfe. München: Ernst Reinhardt Verlag.

AGJ – Arbeitsgemeinschaft für Jugendhilfe (2014): Kernaufgaben und Ausstattung des ASD – Ein Beitrag zur fachlichen Ausrichtung und zur Personalbemessungsdebatte. Unter: https://www.agj.de/fileadmin/files/positionen/2012/AGJ-Diskussionspapier_ASD__2_.pdf, Zugriff: 04.09.2024.

AGJ – Arbeitsgemeinschaft für Jugendhilfe (2010): ASD – mehr als Kinderschutz! Ziele, Aufgaben, Methoden, Werte und Orientierung im Hinblick auf die Kinder- und Jugendhilfe. Unter: https://www.agj.de/fileadmin/files/positionen/2010/ASD.pdf, Zugriff: 04.09.2024

AGJ – Arbeitsgemeinschaft für Jugendhilfe (1999): Rothenburger Thesen der AGJ zur gegenwärtigen Diskussion über Organisation und Struktur der Jugendhilfe. In: Forum Jugendhilfe, 3–5.

AKJ[stat] – Arbeitsstelle Kinder- und Jugendhilfestatistik (Hrsg.) (2023): Monitor Hilfen zur Erziehung 2023. Dortmund. Unter: https://www.pedocs.de/volltexte/2024/30505/pdf/Monitor_Hilfen_zur_Erziehung_2023.pdf, Zugriff: 24.08.2024.

Alle, Friederike (2020): Kindeswohlgefährdung. Das Praxishandbuch (4. Auflage). Freiburg i. Br.: Lambertus Verlag.

Andersen, Uwe, Billing, Werner, Sannwald, Rüdiger, Schäfers, Bernhard, Thränhardt, Dietrich, Murswieck, Axel et al. (2003): Gemeinden/kommunale Selbstverwaltung. In: Uwe Andersen & Wichard Woyke (Hrsg.): Handwörterbuch des politischen Systems der Bundesrepublik Deutschland (5., überarbeitete und aktualisierte Auflage) (S. 196–251). Wiesbaden: VS Verlag für Sozialwissenschaften.

Andresen, Sabine (2018): Fürsorge, Erziehung und Bildung im prekären Alltag. Familien in Armutslagen und ihre Herausforderungen. In: Thon, Christine, Menz, Margarete, Mai, Miriam & Abdessadok, Luisa (Hrsg.): Kindheiten zwischen Familie und Kindertagesstätte. Kinder, Kindheiten und Kindheitsforschung (S. 187–202). Wiesbaden: Springer VS.

Anheier, Helmut K., Priller, Eckhard, Seibel, Wolfgang & Zimmer, Annette (2007): Der Nonprofit Sektor in Deutschland. In: Christoph Badelt, Michael Meyer &

Ruth Simsa (Hrsg.): Handbuch der Nonprofit Organisation. Strukturen und Management (4., überarb. Aufl.) (S. 17–39). Stuttgart: Schäffer-Poeschel.

Arnold, Ulli (2014): Typologie Sozialwirtschaftlicher Organisationen. In Ulli Arnold, Klaus Grunwald, Bernd Maelicke (Hrsg.): Lehrbuch der Sozialwirtschaft (4., erweiterte Auflage) (S. 447–459). Baden-Baden: Nomos.

BAG ASD – Bundesarbeitsgemeinschaft ASD (2021): ASD-Vertiefungsspur. Unter: https://go-asd.de/, Zugriff: 01.09.2024.

BAG LJA – Bundesarbeitsgemeinschaft Landesjugendämter (2023a): Das Jugendamt. Unterstützung, die ankommt. Unter: https://www.unterstuetzung-die-ankommt.de/de/, Zugriff: 21.07.2024

BAG LJA – Bundesarbeitsgemeinschaft Landesjugendämter (2023b): Empfehlungen Qualitätsmaßstäbe und Gelingensfaktoren für die Hilfeplanung gemäß § 36 SGB VIII (2., vollständig überarbeitete Auflage). Münster und München. Unter: https://cloud.lwl.org/s/RwJqgqBeAz8SrWM?path=%2FEmpfehlungen, Zugriff: 08.09.2024.

Balloff, Rainer & Proksch, Roland (2021): Familiengerichtsverfahren. In: Amthor, Ralph-Christian, Goldberg, Brigitta, Hansbauer, Peter, Landes, Benjamin & Wintergerst, Theresia (Hrsg.): Wörterbuch Soziale Arbeit (9., vollständig überarbeitete und aktualisierte Auflage) (S. 287–291). Weinheim & Basel: Beltz Juventa.

Beckmann, Kathinka, Ehlting, Thora & Klaes, Sophie (2018): Berufliche Realität im Jugendamt: der ASD in strukturellen Zwängen (2., korrigierte Auflage). Freiburg i. Br.: Lambertus Verlag.

Benz, Benjamin, Huster, Ernst-Ulrich, Schütte, Johannes D. & Boeckh, Jürgen (2015): Sozialpolitische Akteure und Prozesse im Mehrebenensystem. In: Informationen zur Politischen Bildung (3), 54–67.

Berkemeyer, Anke & Pietsch, Stefan (2024): Prozessorientierte, qualitative Personalbemessungsverfahren in den Jugendämtern – höchste Zeit loszulegen! In: AFET – Bundesverband für Erziehungshilfe e. V. (Hrsg.): Impul!se zum Kinder- und Jugendstärkungsgesetz (S. 51–57). Unter: https://afet-ev.de/assets/afet-impulspapiere/AFET-Impulspapiere-(Online-Reader).pdf, Zugriff: 01.09.2024.

Bieker, Rudolf (2022): Was ist Soziale Arbeit? – Eine Einführung in Gegenstand und Funktionen. In: Kuhlmann, Carola, Löwenstein, Heiko, Niemeyer, Heike & Bieker, Rudolf (Hrsg.): Soziale Arbeit. Das Lehr- und Studienbuch für den Einstieg (S. 15–64). Stuttgart: Kohlhammer.

Bieker, Rudolf (2016): Verwaltungswissen für die Soziale Arbeit. Stuttgart: Kohlhammer.

Bieker, Rudolf (2011): Trägerstrukturen in der Sozialen Arbeit – ein Überblick. In: Bieker, Rudolf, Floerecke, Peter (Hrsg.): Träger, Arbeitsfelder und Zielgruppen der Sozialen Arbeit (S. 13–43). Stuttgart: Kohlhammer.

Biesel, Kai & Urban-Stahl, Ulrike (2022): Lehrbuch Kinderschutz (2., überarbeitete und erweiterte Auflage). Weinheim & Basel: Beltz Juventa.

Blandow, Jürgen (2001): Dokumentation in der Heimerziehung. Reflexionen über Sinn und Zweck, Voraussetzungen und Probleme. In: Forum Erziehungshilfen (3), 132–141.

BMFSFJ – Bundesministerium für Familien, Senioren, Frauen und Jugend (Hrsg.) (2009): 13. Kinder- und Jugendbericht. Bericht über die Lebenssituation junger Menschen und die Leistungen der Kinder- und Jugendhilfe in Deutschland. Berlin.

BMFSFJ – Bundesministerium für Familien, Senioren, Frauen und Jugend (Hrsg.) (1990): 8. Jugendbericht. Bericht über die Bestrebungen und Leistungen der Kinder- und Jugendhilfe. Berlin.

Böllert, Karin (2018) (Hrsg.): Kompendium Kinder- und Jugendhilfe. Wiesbaden: Springer VS.

Brack, Ruth & Geiser, Kaspar (2009) (Hrsg.): Aktenführung in der Sozialarbeit. Vorschläge für die klientenbezogene Dokumentation als Beitrag zur Qualitätssicherung (4. Auflage). Bern: Haupt Verlag.

Brazelton, T. Berry & Greenspan, Stanley I. (2002): Die sieben Grundbedürfnisse von Kindern. Was jedes Kind braucht, um gesund aufzuwachsen, gut zu lernen und glücklich zu sein. Weinheim & Basel: Beltz.

Conen, Marie-Luise (2023): »Unmotivierte« und unfreiwillige Klienten im ASD. In: Merchel, Joachim (Hrsg.): Handbuch Allgemeiner Sozialer Dienst (ASD) (4. Auflage) (S. 294–305). München: Ernst Reinhard Verlag.

DBSH – Deutscher Berufsverband für Soziale Arbeit e. V. (2016): Deutschsprachige Definition Sozialer Arbeit des Fachbereichstag Soziale Arbeit und DBSH. Unter: https://www.dbsh.de/profession/definition-der-sozialen-arbeit/deutsche-fassung.html, Zugriff: 30.08.2024

Der Kinderschutzbund (2025): Mögliche Anzeichen für eine Kindeswohlgefährdung. Unter: https://www.kinderschutz-in-nrw.de/rat-und-hilfe/was-gefaehrdet-das-wohl-von-kindern/moegliche-anhaltspunkte/, Zugriff: 21.07.2025

DESTATIS Statistisches Bundesamt: Kinderschutz und Kindeswohl. Unter: https://www.destatis.de/DE/Themen/Gesellschaft-Umwelt/Soziales/Kinderschutz/_inhalt.html#474876, Zugriff: 11.09.2024

Dewe, Bernd & Otto, Hans-Uwe (2018): Profession. In: Otto, Hans-Uwe, Thiersch, Hans, Treptow, Rainer, Ziegler, Holger (Hrsg.): Handbuch Soziale Arbeit (6. Auflage) (S. 1191–1202). München: Ernst Reinhart Verlag.

Dewe, Bernd, Otto, Hans-Uwe (2012): Reflexive Sozialpädagogik. Grundstrukturen eines neuen Typs dienstleistungsorientierten Professionshandelns. In: Thole, Werner (Hrsg.): Grundriss Soziale Arbeit. Ein einführendes Handbuch (4. Auflage) (S. 197–217). Wiesbaden: VS Verlag für Sozialwissenschaften.

DV – Deutscher Verein für öffentliche und private Fürsorge e. V. (2017): Fachlexikon der Sozialen Arbeit. Baden-Baden: Nomos.

DV – Deutscher Verein für öffentliche und private Fürsorge e. V. (2009): Empfehlungen zur Festlegung fachlicher Verfahrensstandards in den Jugendämtern bei Gefährdung des Kindeswohls. Unter: https://www.dji.de/fileadmin/user_

upload/dasdji/stellungnahmen/2009/2009-05_Empfehlungen_Kinderschutz.pdf, Zugriff: 30.08.2024

Engels, Dietrich (2008): Lebenslagen. In: Maelicke, Bernd (Hrsg.): Lexikon der Sozialwirtschaft (S. 634–646). Baden-Baden: Nomos Verlag.

Evers, Adalbert, Heinze, Rolf G. & Olk, Thomas (Hrsg.): Handbuch Soziale Dienste. Wiesbaden: VS Verlag für Sozialwissenschaften.

Fegert, Jörg M., Meysen, Thomas, Kindler, Heinz, Chauvré-Gerb, Katrin, Hoffmann, Ulrike & Schumann, Eva (Hrsg.) (2023): Gute Kinderschutzverfahren. Tatsachenwissenschaftliche Grundlagen, rechtlicher Rahmen und Kooperation im familiengerichtlichen Verfahren. Wiesbaden: Springer VS.

Fegert, Jörg M. & Resch, Franz (2012): Risiko, Vulnerabilität, Resilienz und Prävention. In: Fegert, Jörg M., Eggers, Christian & Resch, Franz (Hrsg.): Psychiatrie und Psychotherapie des Kindes- und Jugendalters (S. 131–142). Berlin und Heidelberg: Springer.

Forum Erziehungshilfen (2020): Ombudschaft in der Kinder- und Jugendhilfe. Heft 1.

Galuske, Michael & Müller, C. Wolfgang (2012): Handlungsformen in der Sozialen Arbeit – Geschichte und Entwicklung. In: Thole, Werner (Hrsg.): Grundriss Soziale Arbeit. Ein einführendes Handbuch (4. Auflage) (S. 587–610). Wiesbaden: VS Verlag.

Gerber, Christine & Kindler, Heinz (2023): Kriterien einer qualifizierten Gefährdungseinschätzung. Band 1: Gefährdungseinschätzung und die Konzeption von Hilfe und Schutz. DJI-Deutsches Jugendinstitut. Expertise. München.

Gissel-Palkovich, Ingrid (2011): Lehrbuch Allgemeiner Sozialer Dienst – ASD. Rahmenbedingungen, Aufgaben und Professionalität. Weinheim: Beltz Juventa.

Hack, Carmen (2023): Schreiben und Dokumentieren als Teil professioneller Handlungskompetenz in der Sozialen Arbeit. In: Kloha, Johannes; Mangione, Cosimo; Sowa, Frank & Vode, Dzifa. (Hrsg.): Schreiben lernen und lehren im Studium der Sozialen Arbeit (S. 47–58). Bielefeld: wbv.

Hansbauer, Peter, Merchel, Joachim & Schone, Reinhold (2024): Kinder- und Jugendhilfe. Grundlagen, Handlungsfelder, professionelle Anforderungen (2., aktualisierte Auflage). Stuttgart: Kohlhammer.

Hammerschmidt, Peter & Uhlendorff, Uwe (2023): Zur Entstehungsgeschichte des ASD – von den Anfängen bis in die 1970er Jahre. In: Merchel, Joachim (Hrsg.): Handbuch Allgemeiner Sozialer Dienst (ASD) (4. Auflage) (S. 10–30). München: Ernst Reinhard Verlag.

Heiner, Maja (2021): Soziale Arbeit als Beruf. Fälle – Felder – Fähigkeiten (2. Auflage). München und Basel: Ernst Reinhardt Verlag.

Heiner, Maja (2018): Kompetent handeln in der Sozialen Arbeit. München: Ernst Reinhardt Verlag.

Heiner, Maja (2012): Handlungskompetenz »Fallverstehen«. In: Becker-Lenz, Roland, Busse, Stefan, Ehlert, Gudrun & Müller-Hermann, Silke (Hrsg.): Professionalität Sozialer Arbeit und Hochschule. Wissen, Kompetenz, Habitus und

Identität im Studium Sozialer Arbeit (S. 201–217). Wiesbaden: VS Verlag für Sozialwissenschaften.

Heinze, Rolf G. (2011): Soziale Dienste und Beschäftigung. In: Evers, Adalbert, Heinze, Rolf G. & Olk, Thomas (Hrsg.): Handbuch Soziale Dienste (S. 168–186). Wiesbaden: VS Verlag für Sozialwissenschaften.

Helsper, Werner, Krüger, Hans-Hermann & Rabe-Kleberg, Uwe. (2000): Professionstheorie, Professions- und Biographieforschung – Einführung in den Themenschwerpunkt. In: ZBBS 1 (1), 5–19.

Herrmann, Franz (2013): Konfliktkompetenz in der Sozialen Arbeit. München: Ernst Reinhardt Verlag.

IJAB – Fachstelle für Internationale Jugendarbeit der Bundesrepublik Deutschland e. V. (2023): Infosystem Kinder- und Jugendhilfe in Deutschland. Unter: https://www.kinder-jugendhilfe.info/, Zugriff: 28. 08. 2024.

ism – Institut für Sozialpädagogische Forschung (2022): Krise als neue Normalität? Wie können Jugendämter ihre Verantwortung zur Ausgestaltung einer krisenbezogenen sozialen Infrastruktur für alle Kinder, Jugendlichen und Familien wahrnehmen? Positionspapier. Mainz.

Jud, Andreas (2023): Überblick zu Begriffen im Kontext von Kindesmisshandlung. In: Fegert, Jörg M., Meysen, Thomas, Kindler, Heinz, Chauvré-Gerb, Katrin, Hoffmann, Ulrike & Schumann, Eva (Hrsg.): Gute Kinderschutzverfahren. Tatsachenwissenschaftliche Grundlagen, rechtlicher Rahmen und Kooperation im familiengerichtlichen Verfahren (S.237–245). Springer.

Kinderschutzzentrum-Zentrum Berlin (2009): Kindeswohlgefährdung – Erkennen und Helfen. Berlin: Eigenverlag.

Kindler, Heinz, Lillig, Susanna, Blüml, Herbert, Meysen, Thomas & Werner, Annegret (2006) (Hrsg.): Handbuch Kindeswohlgefährdung nach § 1666 BGB und Allgemeiner Sozialer Dienst (ASD). München: Deutsches Jugendinstitut e. V.

Kindler, Heinz (2006a): Wie können Misshandlungs- und Vernachlässigungsrisiken eingeschätzt werden? In: Kindler, Heinz, Lillig, Susanna, Blüml, Herbert, Meysen, Thomas & Werner, Annegret (Hrsg.): Handbuch Kindeswohlgefährdung nach § 1666 BGB und Allgemeiner Sozialer Dienst (ASD) (Kapitel 70). München: Deutsches Jugendinstitut e. V.

Kindler, Heinz (2006b): Wie können Ressourcen und Stärken bei Kindern erhoben werden? In: Kindler, Heinz, Lillig, Susanna, Blüml, Herbert, Meysen, Thomas & Werner, Annegret (Hrsg.): Handbuch Kindeswohlgefährdung nach § 1666 BGB und Allgemeiner Sozialer Dienst (ASD) (Kapitel 61). München: Deutsches Jugendinstitut e. V.

Kindler, Heinz (2006c): Was ist unter Vernachlässigung zu verstehen? In: Kindler, Heinz, Lillig, Susanna, Blüml, Herbert & Werner, Annegret (Hrsg.): Handbuch Kindeswohlgefährdung nach § 1666 BGB und Allgemeiner Sozialer Dienst (ASD) (Kapitel 3). München: Deutsches Jugendinstitut e. V.

Kindler, Heinz (2006d): Was ist unter psychischer Misshandlung zu verstehen? In: Kindler, Heinz, Lillig, Susanna, Blüml, Herbert & Werner, Annegret (Hrsg.):

Handbuch Kindeswohlgefährdung nach § 1666 BGB und Allgemeiner Sozialer Dienst (ASD) (Kapitel 4). München: Deutsches Jugendinstitut e. V.

Kindler, Heinz (2006e): Was ist unter physischer Misshandlung zu verstehen? In: Kindler, Heinz, Lillig, Susanna, Blüml, Herbert e. V. Werner, Annegret (Hrsg.): Handbuch Kindeswohlgefährdung nach § 1666 BGB und Allgemeiner Sozialer Dienst (ASD) (Kapitel 5). München: Deutsches Jugendinstitut e. V.

Klatetzki, Thomas (2020): Der Umgang mit Fehlern im Kinderschutz – eine kritische Betrachtung. In: Neue Praxis 20 (2), 101–121.

Klomann, Verena (2022): Allgemeiner Sozialdienst [online]. Socialnet Lexikon. Bonn. Unter: https://www.socialnet.de/lexikon/Allgemeiner-Sozialdienst, Zugriff: 19. 10. 2024.

Klomann, Verena, Schermaier-Stöckl, Breuer-Nyhsen & Grün, Alina (2019): Professionelle Einschätzungsprozesse im Kinderschutz. Forschungsbericht. Katholische Hochschule NRW, Abteilung Aachen.

Klug, Wolfgang (2023): Methoden der Beratung unfreiwilliger Klientinnen und Klienten im Jugendamt im Kinderschutz. DJI-Expertise. München: Deutsches Jugendinstitut.

Kunkel, P.-C. (2022): Jugendhilferecht. Systematische Darstellung für Studium und Praxis (10. Auflage). Baden-Baden: Nomos.

Landes, Benjamin & Köhler, Eva (2023): Organisatorische Verortung des ASD. In: Merchel, Joachim (Hrsg.): Handbuch Allgemeiner Sozialer Dienst (ASD) (4. Auflage) (S. 32–44). München: Ernst Reinhard Verlag.

Len, Andrea, Manzel, Melissa, Tomaschowski, Lydia, Redmann, Björn & Schruth, Peter (Hrsg.) (2022): Ombudschaft in der Kinder- und Jugendhilfe – Grundlagen-Praxis-Recht. Weinheim & Basel: Beltz Juventa.

Lüttringhaus, Maria (2023): Fachkonzept Sozialraumorientierung: Grundlagen und Methoden der fallunspezifischen und fallübergreifenden Arbeit. In: Merchel, Joachim (Hrsg.): Handbuch Allgemeiner Sozialer Dienst (ASD) (4. Auflage) (S. 306–316). München: Ernst Reinhard Verlag.

Lüttringhaus, Maria & Streich, Angelika (2011): Das Modell der ressourcenorientierten kollegialen Fallberatung in der Jugendhilfe. In: Jugendhilfe (1), 397–415.

LVR – Landschaftsverband Rheinland & LWL – Landschaftsverband Westfalen-Lippe (2024) (Hrsg.): Empfehlung Schutzauftrag. Gelingensfaktoren bei der Wahrnehmung des Schutzauftrags gemäß § 8a SGB VIII. Empfehlung für Jugendämter. Köln und Münster. Unter: https://www.lwl-landesjugendamt.de/media/filer_public/76/89/7689d2f4-c206-4765-9e0c-969fe7d5313f/240328-empfehlung-schutzauftrag-wahrnehmung-schutzauftrag-8a-web-bf.pdf, Zugriff: 09. 09. 2024.

LWL – Landschaftsverband Westfalen-Lippe & LVR – Landschaftsverband Rheinland (2021) (Hrsg.): Aufsichtsrechtliche Grundlagen – Organisationale Schutzkonzepte in betriebserlaubnispflichtigen Einrichtungen für Kinder und Jugendliche nach § 45 SGB VIII. Münster/Köln. Unter: https://www.lwl-landesju

gendamt.de/media/filer_public/c0/66/c066dcee-34bc-49e3-978c-c659fa5e3f2b/aufsichtsrechtliche-grundlage-schutzkonzepte.pdf, Zugriff: 09. 09. 2024

Maywald, Jörg (2002): Kindeswohl und Kinderrechte. In: Frühe Kindheit (4).

Merchel, Joachim (2023a) (Hrsg.): Handbuch Allgemeiner Sozialer Dienst (ASD) (4. Auflage). München: Ernst Reinhard Verlag.

Merchel, Joachim (2023b): Hilfeplanung. In: Ders. (Hrsg.): Handbuch Allgemeiner Sozialer Dienst (ASD) (4. Auflage) (S. 192–205). München: Ernst Reinhard Verlag.

Merchel, Joachim, Berghaus, Michaela & Khalaf, Adam (2023): Profil und Profilentwicklung im Allgemeinen Sozialen Dienst (ASD). München: Ernst Reinhardt Verlag.

Merchel, Joachim (2018): Trägerstrukturen und Organisationsformen in der Kinder- und Jugendhilfe. In: Böllert, Karin (Hrsg.): Kompendium Kinder- und Jugendhilfe (S. 93–113). Wiesbaden: Springer VS.

Merchel, Joachim (2011): Wohlfahrtsverbände, Dritter Sektor und Zivilgesellschaft. In: Evers, Adalbert, Heinze, Rolf G. & Olk, Thomas (Hrsg.): Handbuch Soziale Dienste (S. 245–264). Wiesbaden: VS Verlag für Sozialwissenschaften.

Merchel, Joachim (2004): Pädagogische Dokumentation zwischen Etikettierung und Ausweis fachlichen Handelns. In: Henes, Heinz & Trede, Wolfgang (Hrsg.): Dokumentation pädagogischer Arbeit. Grundlagen und Methoden für die Praxis der Erziehungshilfen (S. 15–41). Frankfurt a. M.: IGfH-Eigenverlag.

Merten, Ueli (2015). Professionelle Kooperation: Eine Antwort auf die Zersplitterung und Ausdifferenzierung sozialer Dienstleistungen. In: Merten, Ueli & Kaegi, Urs (Hrsg.): Kooperation kompakt (S. 21–70). Leverkusen-Opladen: Barbara Budrich-Verlag.

Meysen, Thomas & Schelbach, Diana (2023): Akteure im familiengerichtlichen Verfahren – Rollen und Zusammenwirken. In: Fegert, Jörg M., Meysen, Thomas, Kindler, Heinz, Chauviré-Geib, Katrin, Hoffmann, Ulrike & Schumann, Eva (Hrsg.): Gute Kinderschutzverfahren. Tatsachenwissenschaftliche Grundlagen, rechtlicher Rahmen und Kooperation im familiengerichtlichen Verfahren (S. 519–528). Springer.

Middendorf, Tim & Parchow, Alexander (Hrsg.) (2024): Junge Menschen in prekären Lebenslagen. Theorien und Praxisfelder der Sozialen Arbeit. Weinheim & Basel: Beltz Juventa.

Müller, Heinz, Osterbrink, Judith, Röder, Matthias & Zillig, Maik (2024): Strategien gegen den Fachkräftemangel in der Kinder- und Jugendhilfe: Wenn strukturelle Fragen ausgeblendet und schnelle Lösungen zum Problem werden. DIJuF – Deutsches Institut für Jugendhilfe und Familienrecht e. V. München. Unter: https://dijuf.de/fileadmin/Redaktion/Hinweise/Strategien_gegen_Fachkraeftemangel_in_Kinder-_und_Jugendhilfe_v._12.3.2024.pdf, Zugriff: 15. 12. 2024.

Müller, Burkhardt (2017): Sozialpädagogisches Können: ein Lehrbuch zur multiperspektivischen Fallarbeit (8., aktualisierte und erweiterte Edition). Freiburg i. Br.: Lambertus Verlag.

Münder, Johannes, Meysen, Thomas & Trenczek, Thomas (Hrsg.) (2022): Frankfurter Kommentar SGB VIII Kinder und Jugendhilfe (9. Auflage). Baden-Baden: Nomos.

Nonninger, Sybille & Meysen, Thomas (2023): Kinder- und Jugendhilfe (SGB VIII). In: Merchel, Joachim (Hrsg.): Handbuch Allgemeiner Sozialer Dienst (ASD) (4. Auflage) (S. 87–105). München: Ernst Reinhard Verlag.

Oberloskamp, Helga; Borg-Laufs, Michael; Röchling, Walter; Seidenstücker, Barbara (2017): Gutachtliche Stellungnahmen in der Sozialen Arbeit. Weinheim & Basel: Beltz Juventa.

Peyerl, Katrin & Züchner, Ivo (2022) (Hrsg.): Partizipation in der Kinder- und Jugendhilfe. Anspruch, Ziele und Formen der Partizipation von Kindern und Jugendlichen. Weinheim & Basel: Beltz Juventa.

Pietsch, Stefan & Klomann, Verena (2021): Kann der ASD Kinder- und Jugendstärkungsgesetz? In: Sozial Extra 45 (6), 419–424.

Radewagen, Christof (2022): Rahmenbedingungen für eine gelingende Gefährdungseinschätzung. In: Unsere Jugend 74(2), 50–61.

Rauschenbach, Thomas, Betz, Tanja, Borrmann, Stefan, Müller, Matthias, Pothmann, Jens, Prein, Gerald, Skrobanek, Jan & Züchner, Ivo (2009): Prekäre Lebenslagen von Kindern und Jugendlichen – Herausforderungen für die Kinder- und Jugendhilfe. Expertise zum 9. Kinder- und Jugendbericht des Landes Nordrhein-Westfalen. Dortmund, München u. a.

Rätz, Regina, Schröer, Wolfgang & Wolff, Mechthild (2014): Lehrbuch Kinder- und Jugendhilfe. Grundlagen, Handlungsfelder, Strukturen und Perspektiven (2. Auflage). Weinheim & Basel: Beltz Juventa.

Richter, Peter (2012): Die Organisation öffentlicher Verwaltung. In: Maja Apelt & Veronika Tacke (Hrsg.): Handbuch Organisationstypen (S. 91–112). Wiesbaden: Springer VS.

Scheiwe, Kirsten, Schröer, Wolfgang, Wapler, Friederike, Wrase, Michael (Hrsg.) (2021): Der Rechtsstatus junger Menschen im Kinder- und Jugendhilferecht. Baden-Baden: Nomos.

Scherr, Albert (2018): Professionalität – ein Qualitätsmerkmal von Organisationen. Warum es nicht genügt, Fachkräfte als Träger professioneller Kompetenzen zu adressieren. In: Sozial Extra, 42 (1), 8–13.

Schmid, Bernd, Veith, Thomas & Weidner, Ingeborg (2023): Einführung in die kollegiale Beratung (4. Auflage). Heidelberg: Carl-Auer Verlag.

Schnurr, Stefan (2008): Die Durchsetzung der Profession als Selbstfindungsprojekt der Disziplin – Hans-Uwe Otto und die Professionalisierungsdebatte in der Sozialen Arbeit. In: Bielefelder Arbeitsgruppe 8 (Hrsg.): Soziale Arbeit in Gesellschaft (S. 147–161). Wiesbaden: VS Verlag für Sozialwissenschaften.

Schone, Reinhold (2023a): ASD und Jugendhilfeplanung – der Allgemeine Sozialdienst als Subjekt und Objekt der Planung kommunaler Jugendhilfe. In: Merchel, Joachim (Hrsg.): Handbuch Allgemeiner Sozialer Dienst (ASD) (4. Auflage) (S. 378–387). München: Ernst Reinhard Verlag.

Schone, Reinhold (2023b): Einschätzung von Gefährdungsrisiken im Kontext möglicher Kindeswohlgefährdung. In: Merchel, Joachim (Hrsg.): Handbuch Allgemeiner Sozialer Dienst (ASD) (4. Auflage) (S. 285–293). München: Ernst Reinhard Verlag.

Schone, Reinhold & Tenhaken, Wolfgang (2015): Kinderschutz in Einrichtungen und Diensten der Jugendhilfe. Ein Lehr- und Praxisbuch zum Umgang mit Fragen der Kindeswohlgefährdung (2. Auflage). Weinheim & Basel: Beltz Juventa.

Schone, Reinhold (2011): Kinderschutz – Zwischen Frühen Hilfen und Gefährdungsabwehr. In: Frühe Kindheit (3),16–19.

Schone, Reinhold & Hensen, Gregor (2011): Der Begriff der Kindeswohlgefährdung zwischen Recht und Praxis. In: Körner, Wilhelm & Deegener, Günther (Hrsg.): Erfassung von Kindeswohlgefährdung in Theorie und Praxis (S. 13–28). Lengerich: Pabst Verlag.

Schone, Reinhold (2008): Kontrolle als Element von Fachlichkeit in den sozialpädagogischen Diensten der Kinder- und Jugendhilfe. Expertise im Auftrag der AGJ. Berlin.

Schrapper, Christian (2012): Lagebild der Organisationsstrukturen und -kulturen der Allgemeinen Sozialen Dienste der Kinder- und Jugendhilfe in den Bezirksämtern der Freien und Hansestadt Hamburg. Abschlussbericht. 25.06.2012.

Schrapper, Christian (2008): Keine Hilfe ohne Kontrolle? Keine Kontrolle ohne Hilfe! Thesen zu einem Spannungsverhältnis sozialpädagogischer Kinderschutzarbeit. In: Soziale Arbeit (12), 466–472.

Schrapper, Christian (1994): Der Hilfeplanungsprozess – Grundsätze, Arbeitsformen und methodische Umsetzung. In: Jordan, Erwin & Schrapper, Christian (Hrsg.): Hilfeplanung und Betroffenenbeteiligung (S. 64–78). Münster: Waxmann.

Schröer, Wolfgang, Wolff, Stephan (2018): Sozialpädagogik und Organisationspädagogik. In: Göhlich, Michael, Schröer, Andreas & Weber, Susanne Maria (Hrsg.): Handbuch Organisationspädagogik (S. 59–70). Wiesbaden: Springer Fachmedien Wiesbaden.

Schwabe, Mathias (2019): Methoden der Hilfeplanung. Zielentwicklung, Moderation und Aushandlung (5. Auflage). Weinheim & Basel: Beltz Juventa.

Ständige Fachkonferenz 2 am DIJUf – Deutsches Institut für Jugendhilfe und Familienrecht (2019): Verfassungsrechtliche Anforderungen bei Eingriffen in die elterliche Sorge. Heidelberg.

Staub-Bernasconi, Sylvia (2018): Soziale Arbeit als Handlungswissenschaft – Auf dem Weg zu kritischer Professionalität (2. Auflage). Opladen u.a.: Budrich.

Stock, Christof, Schwermaier-Stöckl, Barbara, Klomann, Verena & Vitr, Anika (2020): Soziale Arbeit und Recht: Lehrbuch (2. Auflage). Baden-Baden: Nomos.

Tabel, Agathe (2020): Empirische Standortbestimmung der Heimerziehung. Fachwissenschaftliche Analyse von Daten der amtlichen Kinder- und Jugendhilfestatistik. Frankfurt a. M.: Internationale Gesellschaft für erzieherische Hilfen. Unter: https://igfh.de/sites/default/files/2020-06/Expertise_Empirische_Standortbestimmung_Tabel.pdf, Zugriff: 19. 07. 2025.

Tietze, Kim-Oliver (2012): Kollegiale Beratung. Problemlösungen gemeinsam entwickeln (5. Auflage). Reinbek bei Hamburg: Rowohlt Taschenbuch Verlag.

Uhlendorff, Uwe (2022): Methoden Sozialpädagogischen Fallverstehens in der Sozialen Arbeit. Ein Grundkurs. Weinheim & Basel: Beltz Verlag.

UN-Kinderrechtskonvention (1990): Übereinkommen über die Rechte des Kindes. Unter: https://www.bmfsfj.de/resource/blob/93140/78b9572c1bffdda3345d8d393acbbfe8/uebereinkommen-ueber-die-rechte-des-kindes-data.pdf, Zugriff: 14. 08. 2024

Unterstaller, Adelheid (2006): Was ist unter sexuellem Missbrauch zu verstehen? In: Kindler, Heinz, Lillig, Susanna, Blüml, Herbert & Werner, Annegret (Hrsg.): Handbuch Kindeswohlgefährdung nach § 1666 BGB und Allgemeiner Sozialer Dienst (ASD) (Kapitel 6). München: Deutsches Jugendinstitut e. V.

Urban, Ulrike (2004): Professionelles Handeln zwischen Hilfe und Kontrolle. Sozialpädagogische Entscheidungsfindung in der Hilfeplanung. Weinheim und München: Juventa.

Urban-Stahl, Ulrike, Albrecht, Maria & Gross-Lattwein, Svenja (2018): Hausbesuche im Kinderschutz: Empirische Analysen zu Rahmenbedingungen und Handlungspraktiken in Jugendämtern. Opladen u. a.: Budrich.

von Spiegel, Hiltrud (2021): Methodisches Handeln in der Sozialen Arbeit. Grundlagen und Arbeitshilfe für die Praxis (7., durchgesehene Auflage). München: UTB.

Van Santen, Eric & Seckinger, Mike (2003): Kooperation: Mythos und Realität einer Praxis. München: Verlag Deutsches Jugendinstitut.

Wapler, Friederike (2015): Kinderrechte und Kindeswohl. Tübingen: Mohr Siebeck.

Waschull, Dirk (2023): ASD-Arbeit und Verwaltungsverfahren. In: Merchel, Joachim (Hrsg.): Handbuch Allgemeiner Sozialer Dienst (ASD) (4. Auflage) (S. 76–86). München: Ernst Reinhard Verlag.

Wendt, Peter-Ulrich (2015): Lehrbuch Methoden der Sozialen Arbeit. Weinheim & Basel: Beltz Juventa.

Wiesner, Reinhard (2013): Das Jugendamt im Schnittpunkt öffentlicher und privater Verantwortung für das Aufwachsen junger Menschen. In: Frank Eger & Gregor Hensen (Hrsg.): Das Jugendamt in der Zivilgesellschaft (S. 34–57). Weinheim & Basel: Beltz Juventa.

Wiesner, Reinhard & Wapler, Friederike (2022) (Hrsg.): SGB VIII: Kinder- und Jugendhilfe: Kommentar (6. Auflage). München: C. H. Beck.

Zumbach-Basu, Jelena (2024): Kindeswohl und kindliche Entwicklung. In: Fegert, Jörg M., Meysen, Thomas, Kindler, Heinz, Chauviré-Geib, Katrin, Hoffmann, Ulrike & Schumann, Eva (Hrsg.): Gute Kinderschutzverfahren. Tatsachenwissenschaftliche Grundlagen, rechtlicher Rahmen und Kooperation im familiengerichtlichen Verfahren (S. 121–136). Wiesbaden: Springer.

Zwicker-Pelzer, Renate (2023): Beratung im Allgemeinen Sozialen Dienst. In: Merchel, Joachim (Hrsg.): Handbuch Allgemeiner Sozialer Dienst (ASD) (4. Auflage) (S.226–235). München: Ernst Reinhardt.